民族魂

学生成长励志故事读本

开拓创新故事

陈志宏◎编著

延邊大學出版社
· 延吉 ·

图书在版编目（CIP）数据

开拓创新故事 / 陈志宏著 . —延吉 : 延边大学出版社 , 2013.3（2024.1 重印）

ISBN 978-7-5634-5405-1

Ⅰ . ①开…　Ⅱ . ①陈…　Ⅲ . ①品德教育—中国—青年读物 ②品德教育—中国—少年读物　Ⅳ . ① D432.62

中国版本图书馆 CIP 数据核字 (2013) 第 049228 号

开拓创新故事

主编：陈志宏
责编：郭玉玲
封面设计：映像视觉
出版发行：延边大学出版社
社址：吉林省延吉市公园路 977 号 邮编：133002
电话：0433-2732435 传真：0433-2732434
网址：http://www.ydcbs.com
印刷：天津市天玺印务有限公司
开本：155 × 220 毫米　1/16
印张：8
字数：50 千字
版次：2013 年 03 月第 1 版
印次：2024 年 01 月第 4 次印刷
书号：ISBN 978-7-5634-5405-1
定价：38.00 元

前言

民族魂，是一个民族的精髓，体现了一种民族的精神，是民族存在的精神支柱。

说起民族的精神，人们通常都会想到爱国主义。从古代的屈原、岳飞，到近代为保卫祖国领土完整的人民英雄；从古代的发明家张衡、毕昇，到今天为祖国的建设事业贡献力量的科学家；从古代的李白、杜甫，到今天为民族文学艺术的提高而不懈奋斗的文学家……在他们身上，都体现出一种广义的爱国主义和爱国精神。

爱国主义是一种伟大的民族精神，也是中华民族的传统美德，与我们祖国上下五千年的历史一样源远流长。作为一种巨大的精神力量，它对中华民族的历史发展与进步产生了重大的影响。

在我国古代历史上，不仅出现过许多杰出的政治家、军事家、思想家、文学家、科学家、艺术家，还出现过一大批忧国忧民、鞠躬尽瘁的仁人志士和抗击外敌、抵御入侵的民族英雄。他们或开发和改造祖国的河山，创造灿烂的中华文明；或英勇反击民族压迫和外来侵略，捍卫国家的主权和民族的尊严；或坚决反对民族分裂，维护国家的统一和民族的团结；或顺应历史潮流，积极改革弊政，励精图治，治国安邦，施利于民……他们从不同的侧面体现了中华民族的爱国主义精神，谱写了爱国主义的壮丽诗篇，铸造了中华民族坚不可摧的“民族之魂”。

人们之所以将爱国主义精神作为中华民族精神的主要特征，是因为19世纪以来的中华民族饱受外来民族的欺凌、压迫和剥削，从而需要以爱国主义来凝聚人心、努力奋斗，从而获得民族的解放。

翻开中国近代史册，最触目惊心的是一场场的战争、一件件的国耻。深重的民族灾难，撞击着每一个爱国者的心。帝国主义列强发动了第一次鸦片战争、第二次鸦片战争、中法战争、中日甲午战争、八国联军之役等大小100多次战争。每一次战争，都以强迫清政府签订不平等条约而结束。

面对亡国灭种的威胁，华夏大地的炎黄子孙们掀起了波澜壮阔的爱国热潮，创造了光照千秋的爱国主义业绩。中华民族所散发出来的民族精神，无论在深度和广度上都是前无古人的。无数民族英雄、志士仁人，在救国图存、振兴中华的斗争中所表现出来的爱国精神，既是对中华民族古代爱国主义传统的继承与发扬，又具有鲜明的时代特征。

除了爱国主义之外，勤劳、勇敢、诚信、团结、知礼、尊贤、节俭、敬业，热爱和平、不屈不挠、自强不息、励精图治、开拓创新等，也都是中华民族的精神精髓，是中华民族灵魂的具体表现。在五千年的历史中，我们的先辈在这片土地上，以这种高尚的品行和美德不断地开辟，才有了如今屹立于世界民族之林的东方强国。作为一个有着漫长历史的积淀与升华的民族，伟大的民族精神早已烙刻在了我们每个人的灵魂深处，与我们的血肉融合在一起。

青少年是国家的希望，也是民族不断发展和延续的根本。总有一天，我们的民族精神、我们祖国的这片神奇的土地要传到当代青少年手中。从这个意义上来说，我们民族精神的生机与活力，我们祖国的命运与前途，也掌握在青少年的手中。因此，青少年的爱国主义教育和励志图强教育也就显得更加重要。为了增强和提升国民教育，尤其是青少年的爱国主义精神、民族精魂志向，我们精心编写了本套丛书——《民族魂——学生成长励志故事读本》丛书。

本套丛书将有史以来体现民族精神和民族灵魂的典型事迹，以通俗易懂的故事形式娓娓道来，非常适合青少年的阅读水平和欣赏口味。书中提供了古往今来多个典型人物和事件典范，展现出的人物也涉及社会的各个层面，有利于青少年立心、立志、爱国、进取，从而全方位地领悟中华民族的精神、灵魂之所在。

在本套丛书中，为帮助读者更好地理解和学习这些源远流长的美好精神，我们还在每一篇故事后面给出了“心灵物语”，旨在令故事更加结合现代社会，结合我们自身的道德发展，提高我们的民族爱国精神，并由此而引发读者进一步的思考。

深刻的哲理人生，表现了博大精深的文化；精彩的人物事迹，道出了励精图治的典范；历代的爱国故事，喻出了民族精神的深意；高尚的品德展现，浓缩了上下五千年的灿烂文明……我们希望，青少年朋友们通过阅读本套丛书，能够受到深刻的爱国主义教育，能够真正体会到中华民族的灵魂所在，同时更能够汲取精华，励精图治，为提升自己的个人素质、为祖国未来的建设和发展作出努力。

全套丛书分类编排，内容详尽，文字优美，风格独具，是广大读者，尤其是青少年爱国励志教育的优秀读物。我们相信，本套丛书一定可以成为青少年朋友们的良师益友。

导言

人类生存的过程，就是人类认识自然、利用自然、征服自然、改造自然的过程，这个过程就是一个创新的过程。纵观人类发展史，人们从茹毛饮血到冲出地球飞向太空，每一个脚印都是靠不断创新的累积而完成的。只有不断创新，社会才能持续发展。

中华民族历来是自立自强、开拓创新的民族。中华民族的创新能力举世皆知，闻名世界的“四大发明”就是中华民族对人类作出的伟大贡献。在中国历史上，从政治到经济，从科技到生活，各种改革创新而使社会大进步的经典比比皆是：从北魏孝文帝易俗行汉制，到严复为强国传播“西学”；从李鸿章的洋务运动到蔡元培创新北大教育；从毕昇发明活字印刷术到王永民以“五笔字型”享誉世界……中华民族的发展史，就是一部不断创新的发展史。

毋庸置疑，近代以来，中国在生产力的发展方面，特别是重大的科技创新方面落后了，没能跟上世界工业革命的步伐。在全世界处于一派蓬勃发展的情势下，创新慢一点就会落后，落后就要挨打。新中国成立后，人民生活开始稳定，创新和发展生产力得到一定提高，特别是改革开放以来，更激发了人民的创新积极性，极大地解放了生产力。全国人民奋发图强，开拓进取，在短短的几十年里，走完了西方几百年的路，国力增强，科技进步，人民生活水平提高，我国不但很快成为经济大国、军事强国，而且在许多高精尖科技领域也步入世界前列。

别人有的我们要有，别人没有的我们也要有；别人能做到的我们要做到，别人做不到的我们也要做到。这一切取决于我们开拓创新的优良传统能不能在新时代有新的发展，取决于我们为开拓创新付出怎样的努力。这需要智慧，更需要实干精神。国家的繁荣富强不是等来的，是靠中华民族的传人团结奋斗、脚踏实地，一步步开拓、一次次创新拼出来的。有人说，21世纪是中国的世纪。中国的世纪就是中国担负起人类更多创新项目的世纪。创新的内容包罗万象，中华民族新的一轮开拓创新的任务义不容辞地落到我们肩上。中华民族无论是过去、现在还是将来，将秉承和发扬开拓创新的传统美德，万众一心，为人类社会作出新的、更伟大的贡献。

本书中，我们精心选编了一些体现开拓创新精神的经典故事，希望读者通过对此书的阅读，从中有所教益、有所启迪。在自己今后的生活、学习和工作中，能够以他们为楷模，做到勇于创新，善于创新，对社会和国家作出应有的贡献。

目录
CONTENTS

第一篇　创新发明造福人类

2　毕昇发明活字印刷术

6　淮南王刘安发明豆腐

10　张弼士创名酒“张裕葡萄”

15　五星红旗的设计者

20　中国合成胰岛素的成功

23　叶培建让“嫦娥奔月”成现实

27　张玉春让失传 700 年技术重现

31　王永民以“五笔字型”享誉世界

35　李官奇和大豆蛋白纤维

第二篇　改革旧制推进社会

40　魏孝文帝易俗行汉制

44　柴荣改革除积弊

48　周忱的财政改革

51　严复为强国传播“西学”

55　李鸿章与洋务运动

58　陈炽倡导中西结合富国

62　蔡元培创新北大教育

第三篇　行业创新自强自立

66　李春创新的安济桥

69　贝聿铭的玻璃金字塔

72 陈晨用QQ经营粥铺
77 她把珠绣传播到日本
82 刘新经营“小土豆”
86 李俊的“论坛”生意
90 张扬的“尾房超市”
95 谭晶创立手绘服装

第四篇 企业创新开拓领域

100 于凌罡开创合作建房新模式
104 谭木匠入选“福布斯”
107 “长虹”视创新为企业生命
111 海尔打造世界级品牌
115 康佳推出“大拇指服务”

第一篇
创新发明造福人类

毕昇发明活字印刷术

毕昇（约970—1051年），中国发明家，发明活字版印刷术。北宋淮南路蕲州蕲水县直河乡（今湖北省黄冈市英山县草盘地镇五桂墩村）人。宋初为书肆刻工。宋庆历年间（1041—1048年），他根据实践经验发明胶泥活字印刷技术。他的字印为沈括家人收藏，其事迹见《梦溪笔谈》卷十八。

在文字没有产生之前，人类的记事方法仅限于“结绳记事”和“刻木记事”，到后来用实物的形象来记事，这就慢慢产生了“象形文字”。人们把“象形文字”刻到动物的骨头上，出现了“甲骨文”。随着冶炼技术的发展，人们又把文字刻在或铸在金属上，出现了“金文”或者称“钟鼎文”。

战国时期，各地域的文字发展各有不同。直到秦朝，秦始皇统一全国，推行统一文字政策，淘汰了其他异体文字，以小篆为正字，后又演变成楷书，并稳定到当代。文字的应用给人类语言信息的传播，以及后来的刻石、刻木和抄书带来了极大的方便，对印刷术的发展也起到至关重要的促进作用。

雕版印刷是最早在中国出现的印刷形式，在印刷史上有“活化石”之称。雕版印刷术是一种具有突出价值且民族特征鲜明、传统技艺高度集中的人类非物质文化遗产。它凝聚着中国造纸术、制墨术、雕刻术、摹拓术等几种优秀的传统工艺，最终形成了这种独特的文化工艺。雕版印刷的出现可以说是一个伟大的创造，但也有不便之处：印一种书就得雕一回木板，费时费力，无法迅速、大量地印刷书籍。一旦这部书不再重印，那雕得好好的木板就完全没用了。

到了11世纪中叶（宋仁宗庆历年间），毕昇发明了一种更进步的印刷方法——活字印刷术，把我国的印刷技术大大提高了一步。

1041—1048年，平民出身的毕昇用胶泥制字，把胶泥做成四方长柱体，一面刻上单字，再用火烧硬，使之成为陶质，一个字为一个印。排版时先预备一块铁板，铁板上放松香、蜡、纸灰等的混合物，铁板四周围着一个铁框，在铁框内摆满要印的字印，摆满就是一版。然后用火烘烤，将混合物熔化，与活字块结为一体，趁热用平板在活字上压一下，使字面平整，便可进行印刷。用这种方法，印二三本谈不上什么效率；如果印数多了，几十本以至上千本，效率就很高了。为了提高效率，常用两块铁板，一块印刷，一块排字。印完一块，另一块又排好了，这样交替使用，效率很高。常用的字如“之”“也”等字，每字制成20多个印，以备一版内有重复时使用。没有准备的生僻字，则临时刻出，用草木火马上烧成。从印版上拆下来的字都放入同一字的小木格内，外面贴上按韵分类的标签，以备检索。毕昇起初用木料作活字，实验发现木纹疏密不一，遇水后易膨胀变形，与粘药固结后不易去下，才改用胶泥。

这就是最早发明的活字印刷术。这种胶泥活字称为泥活字。毕昇发明的印书方法和今天的比起来虽然很原始，但是活字印刷术的三个主要步骤——制造活字、排版和印刷，都已经具备。北宋时期的著名科学家沈括在他所著的《梦溪笔谈》里，专门记载了毕昇发明的活字印刷术。

毕昇发明活字印刷术大大地提高了印刷的效率，但是他的发明并未受到当时统治者和社会的重视。他死后，活字印刷术仍然没有得到推广，他创造的胶泥活字也没有保留下来。但是他发明的活字印刷技术一直流传。

1965年，在浙江温州白象塔内发现的刊本《佛说观无量寿佛经》经鉴定为北宋元符至崇宁年（1100—1103）活字本。这也是毕昇活字印刷技术的最早历史见证。

1279—1298年间，王祯创造了一套木活字。他请木匠用了两年时间，刻了三万多字，并在不到一个月时间印了一百多本全书六万多字的《旌德县志》，这证明了活字印刷是一种效率很高的印刷方法。后来还有人发明了锡活字，但由于吸墨性不好，没能得到推广应用。15世纪末期，铜活字出现了，但朝鲜比我国应用得早。铅活字的应用，朝鲜（1436年）和欧洲（1450年）也都比我国早。15世纪末和16世纪初，我国江苏常州人创制了铅活字，但当时没有推广应用。然而，我国毕昇发明胶泥活字要比德国谷登堡创用的铅活字早400年。

□心灵物语

活字印刷术的发明是印刷史上的一次伟大创举，是我国古代四大发明之一，它为我国文化、经济的发展开辟了广阔的道路，为推动世界文明的发展作出了重大贡献。

毕昇发明的活字印书方法同今天印书的方法相比虽然原始了很多，但它从刻制活字、排版到印刷的基本步骤对后代书籍的印刷产生了深远的影响，而且在当时也属创新之举。这种印刷技术不仅促进了我国古代文化事业的繁荣，而且很早就被介绍到国外，为世界文化的发展作出了贡献。

□史海钩沉

活字印刷影响世界

毕昇的胶泥活字首先传到朝鲜，称为“陶活字”。后来又由朝鲜传到日本、越南、菲律宾。15世纪，活字版传到欧洲。1456年，德国的戈登堡用活字印《戈登堡圣经》，成为欧洲第一部活字印刷品，但比中国的活字印刷史晚400年。活字印刷术经过德国而迅速传到其他十多个国家，促使文艺复兴运动的到来。16世纪，活字印刷术传到非洲、美洲、俄国，19世纪传入澳洲。从13世纪到19世纪，毕昇发明的活字印刷术传遍全世界。

文苑荟萃

雕版印刷术

如果说自上古以来约4000年的文化发展，为印刷术的发明创造了规范的文字、雕刻技术、物质材料及图文转印术等必不可少的先决条件，那么，隋唐文化则为印刷术的发明提供了社会条件。

雕版印刷术是指在版料上雕刻图文进行印刷的技术。它在中国的发展经历了由印章、墨拓石碑到雕版，再到活字版的几个阶段。雕版印刷的版料，一般选用纹质细密坚实的木材，如枣木、梨木等。

具体方法是把木材锯成一块块木板，把要印的字写在薄纸上，反贴在木板上，再根据每个字的笔画，用刀一笔一笔雕刻成阳文，使每个字的笔画凸出在板上。木板雕好以后，就可以印书了。印书的时候，先用一把刷子蘸了墨，在雕好的板上刷一下，接着，用白纸覆在板上，另外拿一把干净的刷子在纸背上轻轻刷一下，把纸拿下来，一页书就印好了。一页一页印好以后，装订成册，一本书也就完成了。这种印刷方法，是在木板上雕好字再印的，所以大家称它为“雕版印刷”。

淮南王刘安发明豆腐

刘安（公元前179—前122年），汉高祖刘邦之孙，淮南厉王刘长之子。文帝八年（前172年），刘长被废王位，在旅途中绝食而死。文帝十六年（前164年），文帝把原来的淮南国一分为三封给刘安兄弟三人，刘安以长子身份袭封为淮南王，时年16岁。刘安才思敏捷，好读书，善文辞，乐于鼓琴，是西汉知名的思想家、文学家。奉汉武帝之命所著《离骚体》是中国最早对屈原及其《离骚》作高度评价的著作。曾“招致宾客方术之士数千人”，集体编写了《鸿烈》（后称该书为《淮南鸿烈》或《淮南子》）一书。刘安也是世界上最早尝试热气球升空的实践者，他将鸡蛋去汁，以艾燃烧取热气，使蛋壳浮升。刘安也是我国豆腐的创始人。《史记》有《淮南衡山列传》，《汉书》有《淮南衡山济北王传》。

中华民族五千年的文明史上，有过无数惊人的发明和发现，出现了无数伟大的科学家、思想家和发明家。汉初诸侯淮南王刘安和他的众门客，便是这群星灿烂的发明家中的佼佼者。

风味独特、质地优良的淮南八公山豆腐创始人，就是淮南王刘安。

世称豆腐是强身治病的滋补品，唐代鉴真法师对豆腐作了这样的评价：“清淡素雅延年寿，一钵豆腐敌八珍。”革命先行者孙中山先生在《建国方略》中推崇豆腐“实乃植物中之肉料也，此物有肉料之功，而无肉料之毒，故中国全国皆食，已习惯为常”。民间亦有句俗话说：“青菜豆腐保平安。”

豆腐的始祖刘安，喜读书、鼓琴，不爱弋猎狗马驰骋，为饱学知识之士。他招养天下才俊之士3000余人，云集古都寿春，议论天下兴亡，寻求治世良方，探讨学术方法，搜集古史轶闻。一大批文学、哲学、自然科学著作应运而生，使淮南国成了当时国内重要文化学术中心，对我国的文化学术事业产生了重大深远的影响。在众多的人才中，苏非、李尚、左吴、田由、晋昌、雷被、毛被、伍被等八人名气最大，号称“八公”。八公经常陪刘安在寿春城北山上炼长生不老之灵丹妙药，北山因此改名为“八公山”。刘安等在炼丹时，偶尔将石膏点入丹母液（即豆浆）之中，经化学变化成了豆腐。豆腐从此问世。

刘安发明豆腐之后，并不满足现状。他是位饱学之士，对每项事业总是精益求精。他同李尚经常一道研究豆腐的制作方法和技术，成立豆腐生产作坊，培养豆腐专业生产人员。在生产操作的过程中，他们逐步完善生产设备，改进生产技术，提高豆腐质量，同时把豆腐制作技术传授给当地农民，并逐渐向外地区扩散。当地农民学会了制作豆腐之术，并代代相传，不断改进豆腐制作工艺，使淮南八公山豆腐比外地豆腐更具有自己鲜明的特色。

据《中国文化名城寿县》介绍，淝水之战之后，淮南王庙又易名为谢公祠、涌泉庵。庵东侧岩石下有一古井，石壁上刻有“淮王丹井”四字，这便是刘安与八公炼丹用水之处。在1965年4月古城寿县茶庵乡瓦房村汉墓中出土一灰陶水磨，现收藏在寿县城博物馆。该磨与现代八公山下豆腐坊用的水磨形状基本相同。从出土的文物来看，豆腐发明于汉代的时间、地点是可以确信无疑的了。

《皖志综述》：“八公山豆腐，是淮南市著名地方风味。”中国典籍和书刊关于刘安发明豆腐的记载和评价颇多，具有相当高的学术价值。

心灵物语

淮南王一生追求得道成仙，并处心积虑地阴谋推翻中央政权。他的人生有喜也有悲，有功也有过。虽然叛乱给他的人生带来了些许瑕疵，但他的功绩是不可抹去的。他不仅留下了巨作《淮南子》，同时他发明的豆腐也如一股新鲜的空气，从中国飘到世界各地。而且，豆腐的出现也给人们的生活带来巨大变化。

史海钩沉

淮南王谋反

刘安的一生，是在对朝廷的不满、怨恨和异心频起之中度过的。

刘安不同于自己骄横无比的父亲，他喜欢交游宾客。在做淮南王时，他招募的宾客和术士最多时竟达到了几千人。这些宾客在淮南王府不仅从事讲学、炼丹之事，而且还经常与他进行为政、治学以及做人的讨论。

虽然汉武帝非常欣赏刘安的才情，但他强力推行的“罢黜百家，独尊儒术”的统治思想，和刘安推崇的“无为而治”的道家学说南辕北辙，而父亲刘长之死更成了刘安心中的一个“死结”。因此，刘安在广置门客进行“学术研讨”的同时，也在不断地积蓄力量，为有朝一日的谋反做着准备。

不过，和自己的父亲一样，刘安的谋反还没有来得及实施，便由于门客雷被的告状，以及门客伍被、孙子刘建的告密而画上了句号。

文苑荟萃

《淮南子》

淮南王刘安带着满腹的怨恨和遗憾匆匆走上了不归之路，但这位博学之士为后人留下了一份宝贵的精神财富——被近代学人梁启超称誉为“汉人著述中第一流”的划时代巨著《淮南子》。

《淮南子》又被称为《淮南鸿烈》或《鸿烈》，是刘安在做淮南王时，“招致宾客方士数千人”撰写而成的。此书虽为多人合作完成，但“为人好书”“善为文辞”的刘安，则被公认为是名副其实的“主编”，《淮南子》中必定有他亲自撰写的文章，这本书也大体上反映出了他本人的思想。

《淮南子》原为鸿篇巨制，共有“内书”21 篇、“外书”33 篇和“中书”8 卷。全书以道家思想为主轴，内容包罗万象，涉及政治学、哲学、伦理学、史学、文学、经济学、物理、化学、天文、地理、农业水利、医学养生等多个领域，是汉代道家学说最重要的一部代表作。不过令人遗憾的是，流传至今的《淮南子》仅仅只剩下“内书”21 篇了。

张弼士创名酒“张裕葡萄”

张弼士（1841—1916年），广东大埔县人。16岁渡海到印尼的雅加达（原称荷属东印度巴达维亚），曾当过帮工，开过商行，采过锡矿，成为当时海外华侨中首屈一指的巨富。从此，他亦商亦官，走上仕途。先后任清廷驻槟榔屿领事、新加坡总领事等职。为了振兴祖国工业，他先后投资兴办粤汉铁路、广三铁路等，并创办山东烟台张裕酿酒公司。1898年间，他集资在巴城、亚齐办了两家远洋航运公司。

张弼士少时家境贫寒，远走南洋。先在巴城（即巴达维亚，今雅加达）做杂工、管账，后开商行，承办荷属诸州的酒码（即捐税），并创办垦殖、轮船、建筑业等，成为南洋华侨中的巨富之一。

1882年，经清政府驻英公使龚照瑗推荐，张弼士走上亦官亦商的道路，先后担任槟榔屿领事、新加坡总领事。1898年奉召回国，曾任粤汉铁路总办、佛山铁路总办、督办直顺赈捐兼办河南南郑工赈。1904年，清廷赏头品顶戴，补授太仆寺正卿，任商部考察外埠商务大臣，兼槟榔屿管学大臣，并兼办闽广农工路矿事宜。1907年任督办铁路大臣，曾参与筹办中国通商银行，任总董。辛亥革命后，被袁世凯聘为总统府顾问、工商部高等顾问及南洋宣抚使，后任参政院参政，授二等嘉禾勋章。1915年春，曾率团赴美考察实业，受到美国总统威尔逊的接待。

张弼士身为华侨巨富，亦官亦商，受清廷头品顶戴。但他身历仕途，心向“实业兴邦”。他抱着“吾华人当为祖国效力”的志愿，在国内创办了多家企业。其中以山东烟台张裕葡萄酿酒公司花费的心血最多，声誉也最盛。

清同治十年（1871年），张弼士参加法国驻巴城领事的一次酒会，发现酒味甚甘，请问酒名，答曰法国白兰地，又说此酒如用中国烟台的葡萄酿造，酒质不会逊色。张问所据，领事说，他曾在法军中服务，曾以烟台葡萄用小压榨机榨汁酿酒。张弼士默记在心，二十几年后，真的在烟台办起了张裕酿酒公司。

张弼士在国内经营的企业，多冠以“裕”字。1892年在烟台筹建酒厂，又在裕字前冠以张姓，定名为烟台张裕葡萄酿酒公司。张弼士建厂酿酒一抓工艺，二抓原料。他先请人从史书记载中寻找葡萄酒的酿造工艺，结果一无所获，便重返新加坡，聘请外籍酒师。奥地利酒师哇务经过调查认为，烟台葡萄质量虽好，但品种不多，建议从欧美引进新品种，建立原料基地。张弼士一面在烟台市郊购得荒山两座，劈山造田，建设葡萄园；一面派人去德、法、意等国购买优良品种葡萄苗120万株。可惜因保护不好，途经印度洋时几乎全部腐烂。张弼士又一次派人出国购买120万株。到1906年，终于建成占地千亩，有124个品种的两个葡萄园。这时，三层楼的厂房也告落成，地下是1976平方米的酒窖，并从国外引进压榨机、蒸馏机、发酵机、白橡木贮酒桶等。

1914年欧战爆发，酒师拔保应调回国，由张弼士的侄子张子章与亲戚朱寿山担任酒师。张弼士命酒师精心创造具有自己独特风格的名酒，以当地的佳种玫瑰香为主要原料，酿造出艳如红宝石、香气浓郁、滋味醇厚、香甜可口的红葡萄酒（玫瑰香）。以白葡萄为原料，参照中国传统药酒工艺，加入肉桂、豆蔻、藏红花等十几种药材，酿成既有葡萄酒特色，又有滋补价值的琼瑶浆（即味美思）。

张弼士的经营思想是不做一锤子买卖，坚持以物美价廉取胜。他研究了消费者的心理，注意广告艺术，印制了堂皇精致的宣传册，通过华侨广为赠送，扩大宣传。张裕酒很快名扬海外，从南洋诸岛销往南亚、加拿大和中美洲一些华侨较多的国家。为了打开国内的葡萄酒销路，张弼士除在报上刊登广告外，还在车站、码头竖起巨幅宣传画，每逢节日，用车拉着装潢别致的张裕酒，沿途分赠给行人。公司附设的玻璃厂还专门制作有“烟台张裕酿酒公司敬赠”字样的酒杯、盘碟，分赠酒楼、饭馆。

张弼士在任总统府顾问和参政院参政时，因公常驻北京。他每去酒楼餐馆，就指名要张裕葡萄酒，并邀侍者品尝。由于张弼士以要员的身份现身说法，使张裕葡萄酒的名声不胫而走，在国内成了畅销货。

南洋华侨闻知张弼士创办规模巨大的酿酒公司，多有归国参观的。张弼士为炫耀庄重，在东葡萄园高岭处建一组豪华别墅和花园。室内陈设精美，清廷赏赐的一些古董、古画，都摆挂在客厅。这组别墅除一部分供外籍酒师及部分高级职员住外，大部分供张弼士款待贵宾之用。许多华侨头面人物归国漫游青岛，途经烟台，必到张裕参观，国内不少显贵要人也多到此。康有为在张裕别墅下榻时，曾写下“浅饮张裕葡萄酒，种植丰台芍药花，更复法华写新句，欣于所遇即为家”的诗句。孙中山1912年8月到烟台时，也专门参观了张裕，并题“品重醴泉”四字，一赞佳酿，一谢张弼士资助革命。

1915年，张弼士率中国实业考察团赴美，途经旧金山时，适逢巴拿马庆祝运河竣工，举行巴拿马国际商品赛会，张弼士把随身带的白兰地、红葡萄酒（玫瑰香）和琼瑶浆（味美思）送去参加比赛，同获金质奖章和最优质奖状。从此，张裕的白兰地酒题名为“金奖白兰地”。这是中国商品第一次在国际上获奖。

旧金山的华侨为祖国产品在世界市场上名列前茅深感自豪，奔走相告，侨团会馆设宴祝贺。张弼士在宴会上自豪地说：“在这盛大的酒宴中，一眼望去，锦绣华堂，全是令人自豪的东西：一件是早就世界驰名的中国大菜，一件是享誉环球的中国瓷器摆满整个大厅，还有一件是新近获得国际金牌的中国名酒，都是举世无双的东西。唐人是了不起的，只要发愤图强，后来居上，祖国的产品都要成为世界名牌。”这是多么有气魄的豪言壮语啊！

张裕名酒荣获国际金奖，是张弼士十几年苦心经营，“备历艰阻”的结果；也是他在追求“实业兴邦”道路上写下的光辉一页。1916年，即张裕名酒获奖的第二年，张弼病逝于巴达维亚。时年76岁。

心灵物语

对于很多人来说，张弼士是一个陌生而遥远的名字，但因这个人而诞生的酒，却为我们耳熟能详并成为国人记忆的一部分。

“藏在深屋无人知，一朝揭纱天下惊。”无论是葡萄酒还是白兰地，作为一种新事物，它们打破了洋酒不可战胜的神话，也为当时的中国甚至是世界开创了新篇章。

史海钩沉

打造巨轮扬国威

1898年，张弼士一行三人和一名德籍家庭医生准备乘坐德国班轮前往新加坡办理商务，不想在洋船上还遇到了一番羞辱：德国轮船规定华人不准购买官舱票。张弼士听后，勃然大怒，他感到炎黄子孙的尊严受到了严重侵犯，良久不能平静，随手举起慈禧太后赏赐的御窑宝蓝大花瓶向地板砸去，并愤然吼道：“中华民族不可侮，中国人不可欺！”张弼士当众立誓要制造中国人自己的船！

不久，张弼士邀张榕轩、张耀轩共筹航行苏门答腊及中国南部海面的远洋航运，创办了“裕昌远洋航运公司”和“广福远洋轮船公司”。从此，辽阔的太平洋上开始出现飘扬着中国大清龙旗的侨办远洋巨轮，并专门与德国轮船同走一条航线，比德国的同等官舱票价低一半，并且一报还一报，不卖票给德国人，迫使德轮取消了歧视华人的规定，大长了中华民族的威风。

文苑荟萃

张裕爱斐堡

北京张裕爱斐堡国际酒庄位于北京市密云县巨各庄镇，是由烟台张裕集团融合法国、美国、意大利、葡萄牙等多国资本全力打造完成的。

爱斐堡呈欧式风格，法桐大道、鲜食葡萄采摘园、哥特式城堡、地下大酒窖、欧洲小镇、张裕百年历史博物馆以及山水景观休闲区，使旅客可以尽情体验葡萄酒文化所带来的乐趣，与大自然亲密接触、彻底地放松身心。爱斐堡品鉴中心与 OIV 等国际著名葡萄酒组织精诚合作，派出了华丽的授课教师阵容，专门为国人设计了多项课程，集中介绍国际通行的葡萄酒文化和葡萄酒礼仪知识体系。

传承着百年张裕的传奇品质，北京张裕爱斐堡国际酒庄以“国际酒庄新领袖”为己任，肩负着向国人传播葡萄酒文化的重要使命，走向世界顶级酒庄之巅。

五星红旗的设计者

曾联松（1917—1999年），浙江瑞安人。1936年考入中央大学（1949年更名南京大学）经济系。后参加抗日救亡联合会，投身革命。1949年9月25日，曾联松的设计作品五星红旗得到毛主席的肯定，9月27日中国人民政治协商会议第一届全体会议上一致通过国旗议案，中华人民共和国国旗诞生。10月1日，五星红旗随着新中国的诞生飘扬在天安门广场的上空。1950年，曾联松应邀到北京参加国庆观礼，这是党和人民给予他的崇高荣誉。1999年10月19日，曾联松在上海病逝，骨灰暂放在当地龙华烈士陵园。2004年9月曾联松的骨灰正式入葬上海嘉定长安墓园。

五星红旗庄严绚丽，鲜艳夺目。对于它的设计，人们或许认为：如此高水平的巧妙设计，一定出自一位闻名遐迩、才华横溢的美术大师之手吧？其实不然。五星红旗的设计者原来是一位默默无闻，长期从事计划、财务工作的人，他就是曾联松。

从学生时代起，曾联松就是一位充满爱国激情的热血青年。他眼见旧中国备受外强蹂躏，金瓯残缺，满目疮痍，民不聊生，真是心如火焚。

“九一八”事变发生后，曾联松曾和爱国学生一起走上瑞安街头，宣传抵制日货。1935年，他又在南京勇敢地参加了响应北京“一二·九”学生运动的集会游行，并且在党的引导下开始走上了革命的道路。他目睹并体验过军阀割据、八年离乱，以及国民党反动统治的白色恐怖给中国人民带来的巨大灾难。抗日战争胜利后，国民党政府不顾全国人民的和平统一要求，悍然发动内战，又把中国人民投入水深火热之中。当解放战争取得一个又一个的胜利，全国绝大多数城乡已经得到了解放，国家像一轮喷薄欲出的太阳，正出现在东方地平线上的时候，他是多么激动和兴奋啊！他同全国人民一样，盼望着一个崭新的人民政权的诞生。

“开天辟地谱新篇”，上海的解放让曾联松决定投身到设计国旗这一具有伟大意义的工作中去。“我不是艺术家，也不是从事美术设计的，当时之所以不量力度德，亦不计工拙，想到去设计国旗图案，实在是一种欢呼新中国诞生的喜悦，一种热切爱国的激情使然。”

7月的上海，正值酷暑季节。曾联松为设计国旗图案夜以继日，挥汗如雨，伏案描摹，似痴如醉。

一个月光皎洁的夜晚，曾联松仰望群星闪烁的太空，陷入了沉思。突然，他从人们常说的“盼星星，盼月亮”中得到启发：中国共产党不就是中国人民的大救星吗？

于是，他决定以五角星象征伟大的中国共产党。他设想：以一颗大星导引于前，几颗小星环绕于后，象征星拱北斗，大五角星象征伟大的中国共产党，小星象征广大人民。人民紧紧地环绕在党的周围，团结战斗，从胜利走向胜利。他还把五角星设计为黄色，这不仅与象征革命的红色相协调，像红霞一片，金光灿灿，色简而庄严，且也表达了中华儿女黄色人种的民族特征。

环绕大星之后的小星，应该是几颗呢？曾联松想到我们伟大祖国有着五千多年的灿烂文化，还联想到毛主席在《论人民民主专政》一书中指出人民在当时包括有四个阶级：工人阶级、农民阶级、城市小资产阶级和民族资产阶级，就决定以四颗小星象征广大人民。

接着，曾联松又经过反复推敲，苦苦构思，确定五颗金星恰当的位置。他曾设想把大星置于旗面的当中，小星环绕在大星的四周。这样，视若端庄，但是天地不够开阔，视觉局促、凝滞。经过一次又一次地勾画，熬过了许多个不眠之夜。有一次，他把五星挪向旗面的左上方，顿觉视野开阔：旗面犹如千里之广，金星居高临下，光彩闪耀，仿佛使人看到了星光映照大地，灿烂辉煌。

五颗金星的结合图形，大小呼应，疏密相间，形成了一个椭圆形，这恰恰和我国疆土的几何图形类似，既表现了中国地理特征，也显得平稳和谐，明朗而有气势。

为了使整个图案更加突出全国人民紧密地团结在伟大的中国共产党周围这一特征，曾联松设计了每个小星的中心点都通过自己的一个星尖，跟大星的中心点连成一条线，把中国共产党是全中国人民的领导核心这个历史的结论显示在旗上。

色彩以红色为主，似红霞满天。红色表达热烈的感情，象征革命；配以黄色，灿烂辉煌，一片光明。

从美学的角度来衡量，曾联松的设计也颇具特色。他自己曾总结出这样几点：

简与繁——五星的构图注意了以简胜繁，以一当十。如果把许多特征一一罗列出来，未免流于纤细，或者失之繁复，反而难以显示庄严简洁。

小与大——五星所形成的椭圆形，寓有祖国疆土之意，画面虽有限，但联想是广阔的。所谓“物小蕴大，意趣无穷”。

宾与主——五星中的大星与小星，当然不是指现实生活中的宾主关系，但具有顾盼呼应之情，协调和谐之趣。

静与动——五星的安置，如果处于旗面的中央，由于绝对均衡，则静止呆滞，缺乏生动姿态；置于左上角，则昂然起升，静中寓动，使画面活跃；而且居高临下，带有向外伸展的气势，使视野开阔，“咫尺之内，觉千里之遥”。

长与宽——这是指比例关系。《条例》中规定，“形式为长方形，长宽三与二之比”。按此构图，旗面能满足对美感的要求。旗面呈长方形，五星体呈椭圆形，两者均向左右舒展，取势协调。椭圆形作为一个整体，还给人团聚完整和饱满的感受。

椭圆形中，大星的一个角尖正向上方，使大星显得安定庄重，稳如泰山。而四颗小星因各有一个角尖正对大星中央，则显得错落多变，生动活泼。大星外接圆半径和小星外接圆半径的比例是三比一，使大小比例关系比较协调。大星和小星之间有一定间距，显得虚实结合，山安泉注。

椭圆形结体仅占旗面四分之一左右，这样的比例关系使重点集中、旗面开阔。

整个旗面上的五角星、椭圆形和长方形相互结合，比例较为协调，构图比较紧凑，在整体中富于变化而又能取得统一。

红与黄——色彩也会引起人们的联想和感情的反应。红色为暖色或热色，赤日、红光能表达庄严热烈，如革命的积极斗争行为。此外，红色也会引起希望、活跃和喜爱。黄色也是暖色，能表达优美、温和、珍贵，而往往与金色联系起来。我们看到黄色的五星，便有金光闪闪的联想感受。

1949年9月27日，中国人民政治协商会议第一届全体会议通过了关于中华人民共和国国都、纪元、国歌、国旗的决议。曾联松手捧刊登了中国人民政治协商会议第一届全体会议通过的有关国旗决议的上海《解放日报》心潮起伏，热泪盈眶。

心灵物语

五星红旗是新中国的象征和标志，它的出现具有划时代的意义。

曾联松，一个令中国人不能忘记的名字。每当看到五星红旗冉冉升起的时候，无论是在天安门广场，还是在竞赛场地；无论是在国外使馆，还是在航行于大海中的军舰上，都使所有中国人心情激动，我们感到了五星红旗的庄严、美丽，感到了祖国的强大。同时，我们对五星红旗的设计者也表示敬佩，五星红旗向世界彰显了中华民族的团结和智慧。

史海钩沉

曾联松淡泊名利

作为新中国国旗的设计者，曾联松从来没有星光灿烂。他是一个长期从事计划、财务工作的普通人，默默无闻，兢兢业业，他最高的职务到最后也就是上海市日用杂品公司的副经理。

他从不以国旗设计者自居。1982年，中国革命博物馆向他征询国旗设计原稿收藏，他立即寄去，没要一分钱。有一次，一名商人找到曾联松的小儿子曾一明，说："想借用曾老名字作店招，开一家'曾联松旗帜商店'，不要曾家投资一分钱，盈利分成。"但曾联松没有同意，对这些名利，他很淡然。

文苑荟萃

国旗文化和礼仪

国旗是国家的一种标志性旗帜，是国家的象征。在一个主权国家领土上一般不得随意悬挂他国国旗。

世界上各国国旗的颜色主要有红、白、绿、蓝、黄、黑等，这些颜色各有一定的含义：红色象征国家为独立和解放而斗争的精神，绿色是吉祥的标志，蓝色代表海洋、河流、天空。这三种颜色在各国国旗中出现得最为频繁。

在国际交往中，悬挂国旗的一些惯例为各国所公认。在建筑物上或在室外悬挂国旗，一般应日出升旗，日落降旗。遇需悬旗致哀，通常的做法是降半旗，即先升至杆顶，再下降至离杆顶相当于杆长三分之一的地方。也有的国家不降半旗，而是在国旗上方挂黑纱致哀。升降国旗时，要立正、脱帽、行注目礼，升国旗一定要升至杆顶。悬挂双方国旗，按国际惯例，以右为上，左为下。两国国旗并挂，以旗本身面向为准，右挂客方国旗，左挂本国国旗。

中国合成胰岛素的成功

王应睐（1907—2001年），生物化学家。在营养、维生素、血红蛋白、酶以及物质代谢等方面取得了一系列重要成果。在担任中国科学院生物化学研究所所长和中国生物化学学会理事长期间，对研究所的建设和学会的发展发挥了重要作用。在完成世界上首次人工合成结晶牛胰岛素和人工合成酵母丙氨酸转移核糖核酸的重大研究成果中，担任首席领导工作。为发展中国生化事业作出了杰出的贡献。

蛋白质研究一直被喻为破解生命之谜的关键点，胰岛素则是蛋白质的一种。而胰岛素的人工合成，标志着人类在揭开生命奥秘的道路上又迈出了一步。这一成果也是中国科学家与诺贝尔奖零距离接触的重要成果。

1958年，中国科学院在王应睐、曹天钦、邹承鲁、钮经义、沈昭文等人的带领下，提出了“世界上第一次用人工方法合成的蛋白质在中华人民共和国实现”的宏伟目标。这一建议立即得到国家和上级领导的大力支持。1958年12月底，我国正式启动人工合成胰岛素课题。

然而在1958年，有关蛋白质的研究领域集中于它们的生物功能、物化性质，对结构—功能关系的了解不够深入，对化学合成蛋白质则更是知之不多，充满着“神秘色彩”。我国选定胰岛素作为人工合成蛋白质的对象时，究竟有没有可能实现还是一个未知数。例如，必须解决胰岛素分子中三个硫硫键拆开后能否再重合成原来的胰岛素，因为它是双链的蛋白质分子。这一问题能否解决关系到合成方案的选择。

1959年初，人工合成胰岛素的工作全面展开。首先是由钮经义、沈昭文、龚岳亭几位研究人员组织有关人员解决了氨基酸的大量供应问题。天然胰岛素的拆合工作在邹承鲁的指导下几经波折得以解决，为全合成胰岛素奠定了基础……

经过短短7年时间，1965年，我国科学家终于完成了结晶牛胰岛素的合成，它有着极为深远的意义。由于蛋白质和核酸两类生物高分子有在生命现象中所起的主要作用，人工合成了第一个具有生物活力的蛋白质，它突破了一般有机化合物领域到信息量集中的生物高分子领域之间的界限，在人类认识生命现象的漫长过程中迈出了重要的一步。最后，合成胰岛素工作的简报发表于1965年的《中国科学》。

胰岛素的全合成开辟了人工合成蛋白质的时代，结构与功能研究、晶体结构测定等结构生物学亦从此开始。多肽激素与类似物的合成，在阐明作用机理方面提供了崭新的有效途径，并为我国多肽合成制药工业打下了牢固的基础。

由于生物化学与分子生物学发展史上几个里程碑的工作都是以胰岛素为对象的，不少科学家因此而获得诺贝尔奖。例如，Banting和Best于1921年发现的胰岛素为第一个蛋白质激素，可作为治疗糖尿病的特效药物，因此获得诺贝尔奖。1966年，合成胰岛素工作的简报发表后，也在国际上引起极大轰动，有上百名著名科学家来信祝贺。英国电视台在黄金时间播出了中国成功合成人工结晶胰岛素的消息，《纽约时报》也用大篇幅报道了这一消息。

和“两弹一星”一样，中国人在世界上第一次人工合成胰岛素被负载了很多意义：科研的、民族荣誉感的。尤其让人们津津乐道的是，这是中国科学家与诺贝尔奖几乎零距离接触。直到现在，这也是对中国在科学领域里做出世界上一流成绩的一个最好证明。

心灵物语

人工合成胰岛素的问世，为人类认识生命、揭开生命奥秘迈出了可喜的一大步，同时也是中国在科学领域取得新成就的良好证明。

史海钩沉

王应睐的贡献

王应睐的基础理论研究造诣很深，但他也很重视联系实际工作。上海解放初期，南下的解放军战士由于只吃大白菜、豆腐与大米，普遍发生舌头糜烂、下身奇痒与溃烂等症状。上海警备区特请临床营养学家侯祥川教授与王应睐前去会诊，很快就被确诊为维生素B2缺乏症，主要原因是干粮保存时间较长变质引起的。

王应睐接受了研究防止干粮脂肪氧化的任务，通过研究提出了切实可行的综合措施，包括利用含有天然抗氧化剂的黄豆粗豆油作为干粮的油脂来源，严格控制干粮中催化脂肪氧化的铜铁离子的含量，以及采用经防氧化处理的包装纸等，完美地解决了这一问题。

文苑荟萃

结晶牛胰岛素

结晶牛胰岛素是牛的胰岛素结晶。牛胰岛素是牛胰脏中胰岛β—细胞所分泌的一种调节糖代谢的蛋白质激素。我国于1965年9月获得了用人工方法合成的、有生物活性的结晶牛胰岛素，这是第一个在实验室中用人工方法合成的蛋白质，实现了世界上首次人工合成蛋白质的壮举。

早在1948年，英国生物化学家桑格就选择了一种分子量小，但具有蛋白质全部结构特征的牛胰岛素作为实验的典型材料进行研究，于1952年搞清了牛胰岛素的G链和P链上所有氨基酸的排列次序以及这两个链的结合方式。次年，他宣布破译出由17种51个氨基酸组成的两条多肽链牛胰岛素的全部结构。这是人类第一次搞清一种重要蛋白质分子的全部结构。桑格也因此荣获1958年诺贝尔化学奖。

叶培建让“嫦娥奔月”成现实

叶培建（1945—），空间飞行器总体、信息处理专家。绕月探测工程、嫦娥一号卫星系统总指挥兼总设计师。1967年毕业于浙江大学无线电系，1985年在瑞士纳沙泰尔大学获科学博士学位。现任中国空间技术研究院研究员。主要从事卫星总体设计和信息处理研究工作，主持制定我国第一代传输型对地观测卫星总体方案及各个分系统的设计，优化卫星总体方案，组织领导并参与攻克7项技术难关，在卫星研制中发挥了重要作用。

“嫦娥奔月”是一个在中国流传的古老的神话故事，而今天叶培建则让这个流传千古的神话变为现实！

作为“嫦娥一号”探月卫星的总设计师、总指挥，2001年10月，叶培建开始介入探月工程工作。那时他还管着中国资源二号卫星。2002年春节前后，科学院拿出了一个比较完整的方案。2004年春节期间，这个项目得到批准。从2002年春节开展工作，到2004年春节后立项，这两年的时间，叶培建一直马不停蹄，通过大量细致的工作，完成了电性星、结构星、热控星、攻关技术以及专项试验等。2005年10月，开始进入正样星研制阶段……

“嫦娥一号”是中国自主研制并发射的首个月球探测器。中国月球探测工程嫦娥一号月球探测卫星由中国空间技术研究院研制，以中国古代神话人物“嫦娥”命名。“嫦娥一号”主要用于获取月球表面三维影像、分析月球表面有关物质元素的分布特点、探测月壤厚度、探测地月空间环境等。“嫦娥一号”发射成功，使中国成为世界第五个发射月球探测器的国家。

整个“奔月”过程大概需要8~9天。“嫦娥一号”运行在距月球表面200千米的圆形极轨道上，工作寿命一年，绕月飞行一年，执行任务后不再返回地球。

“嫦娥一号”平台以中国已成熟的东方红三号卫星平台为基础进行研制，并充分继承“中国资源二号卫星”“中巴地球资源卫星”等卫星的现有成熟技术和产品，进行适应性改造。卫星平台对结构、推进、电源、测控和数传等8个分系统进行了适应性修改。“嫦娥一号”星体为一个2米 × 1.72米 × 2.2米的长方体，两侧各有一个太阳能电池帆板，完全展开后最大跨度达18.14米，重2350千克。有效载荷包括CCD立体相机、成像光谱仪、太阳宇宙射线监测器和低能粒子探测器等科学探测仪器。

“嫦娥一号”卫星虽然基于东方红三号卫星研制平台，但有效载荷系统设备几乎是全新的。除了空间环境的仪器，如高能粒子探测器，曾经在一些卫星用过，这次只是局部作了一些改造，其他仪器基本上都是自主设计研制的。

激光高度计完全是自主创新的。在开始设计激光高度计时，研制单位有从国外购买激光器的想法。但是，国外的激光器很贵，经费支持不了；二是体积、重量很大。外国货“水土不服”，只能自己研制。科研工作者发扬了大协作的精神，从最基本的激光二极管开始研制，把激光二极管拼成激光阵列后，再把激光阵列做成激光器。发出激光的这部分研制成功后，又研制接收激光这部分，其最重要的器件是雪崩二极管，它相当于这台仪器的“眼睛”，能看见激光。我国以前的卫星没有用过激光高度计，这次一切从最基础的器件研究，很费工夫，难度可想而知。但中国的科技人员硬是克服一切困难，一个一个地攻克了难关。

无论是创新还是嫦娥飞天，都离不开总设计师叶培建。作为总设计师，他对卫星研制技术工作要求精益求精，抓大也抓小，甚至细化到卫星的各级技术状态。他常说：对质量问题就是要“捕风捉影”，才能亡羊补牢。集团公司质量部的人员说：中国资源二号卫星的质量透明度是最高的。他经常说的一句话是：“人家是一个脑袋两只手，我们也是一个脑袋两只手，人家能干成的事，我们也一定能做到！”

“思得壮士翻白日，光照万里销我忧。”中国入世后，叶培建作为中青年航天技术专家，深感肩上担子的分量，他已经把身心融入祖国的命脉之中，要以自己的忠诚为泱泱中华的神采着色！

心灵物语

外国人能干的，我们要干；外国人不能干的，我们也要干。科学的征程中没有平坦大道可走。科技创新，是中国快速发展的一条“高速铁路”，能让中国更自豪地屹立于世界之林。具有创新能力的“中国制造”，也必将真正获得市场。

史海钩沉

叶培建曾创下吃干饭最高纪录

1962年夏，叶培建考取浙江大学无线电系。那年国民经济刚刚从困难时期中稍有好转，学生的生活仍比较艰苦，吃上一顿黄豆炖猪脚就是大餐了。当时年轻，菜里油水少，吃饭自然多。叶培建回忆：“我们班吃干饭的纪录就是我创造的，一顿吃了16两制的28两，一直无人打破此纪录，恐怕今后也不会有人能破了。”

文苑荟萃

叶培建赋词嫦娥

沁园春·决战今朝

赴西昌发射中心执行嫦娥发射任务有感

卫星总装，设备自检，电测正忙。
听口令起伏，准确嘹亮。

平台性能，稳定达标。
有效载荷，语音装置，各显神通表现好。
抓责任落实，一丝不苟。
判读数据，不差分毫。
严慎细实，归零及时，举一反三标准高。
要成功，靠诸君努力，决战今朝。

卜算子·再努力

天线双向转，两翼又光照。
桥丝电阻细检查，发射演练好。
专家严把关，上级做指导。
待到双想再深入，卫星更可靠。

张玉春让失传700年技术重现

张玉春（1931—），辽宁宽甸人，高级工程师。曾任河北唐山陶瓷研究所副所长、轻工业部陶瓷学组成员、中国发明家学会会员兼河北省稀土学会副理事长。主要研究成果“铁红金圈结晶釉”通过部级鉴定，获金奖和发明四等奖，为国内外首创的艺术珍品；“高温快烧颜色釉中彩”经部级鉴定，为国内首创，无毒无害，获科技进步三等奖。出版著作《注浆成型操作法》《艺术釉》等十部作品。部分事迹被收入《当代发明家》《中国发明家大辞典》《当代中国发明家科技大辞典》《世界名人录》。

宋代时期，来我国天目山佛寺求学的日本僧人也逐渐多了起来，他们尽心佛事，虔心诵读佛门经卷，而且每年春夏之际还考察种茶、采茶的方法，吃茶也成了他们的习惯和爱好。他们回国时不仅带回了佛经、名茶，而且也带走了一些南宋时期的名贵黑釉瓷碗。这就是被后世称为“国宝”的曜变天目碗。

这种瓷碗的外边黑釉里自然浮现着大大小小的斑点，构成了美丽的图案，围绕着这些斑点四周还有红、绿、天蓝等彩色光晕在不同方位的光照下闪耀。由于中国历史上的多次战乱，这个陶瓷品种及其烧制技术已经失传了700多年。人们知道有这样一个名贵的陶瓷品种，却从未见过，更不会烧制。然而，日本僧人带回国的天目碗却有幸保存下来三只。日本政府把它们作为国宝秘藏在宝库中，几年才展出一次。

这种瓷碗最早被日本命名为曜变天目碗，后被世界公认。曜为日照之意；曜变的意思是形容釉中晶体周围的色彩随着观察角度的不同而发生变化，常呈现丰富多彩的颜色；天目碗自然是因来自天目山，故称曜变天目碗。经考证，其原产地为福建省建阳地区水吉镇，在宋代的北方地区也有发现。由于配方特殊，烧制困难，一般每几万件才能出现一两件曜变天目碗，所以它在世界陶瓷史上素享盛名，被誉为“世界的至宝”。烧制曜变天目釉的技艺也被视为“神技”。

早在20世纪80年代，原唐山陶瓷研究所就开始了对该铁系结晶釉的研发。1980年专门成立了以张玉春、任继武、崔福群为主研人的结晶釉研究组。历经几年的艰难攻关，他们终于揭开了此釉的神秘面纱，并创新发明了曜变天目的同类异晶体——曜变铁红金圈结晶釉瓷。该瓷种的出现足以证明百余年来被人们视为“神技”的曜变天目的烧制工艺秘密被当代的能工巧匠揭开，失传700多年的名贵釉种又展示在今日的中国大地上。

1987年9月，在第三届全国发明展览会上，由唐山市陶瓷研究所张玉春等同志研制成功的“铁红金圈结晶釉双耳宝瓶”吸引了观众的注意。这种釉，底釉呈海参棕色，表面呈现出美丽多姿的红花金圈和黄绿色晶花，乳光莹润，呈现出七种颜色，异彩缤纷，典雅凝重。它所具有的独特的东方美感及神秘的韵味，使人留恋神往。

张玉春不但继承了历史上的传统技艺，而且有所创新。经过部级鉴定，专家们认为曜变铁石金圈结晶釉瓷是国内外首创的艺术珍品。当用这种工艺制成的多种结晶釉产品在美国、日本等国家展出时，轰动了国外陶瓷界，他们称之为“陶瓷珍宝”，称之为“可遇而不可求的国宝”。

曜变铁红金圈釉瓷之所以精美，是基于高温熔体的液相分离，结晶体和虹彩产生的条件工艺复杂，影响因素多，晶体异常敏感，一件完美的作品并不易多得。它的艺术效果是在深棕色的基底釉面上，硕大的朵朵红色晶花错落有致，釉层表面悬浮着点点绿色晶花。在不同的光照下，结晶体闪烁着色晕，金圈耀眼，虹彩热烈。每一件成功的作品都好像一幅自然天成的美丽图画，且绝无重复。能求得一件完美的精品，是追求者的期盼和渴望。也正是基于复杂的技术原因，自开发后，烧制中一直存在着黏底严重、釉面不匀、光亮度较差等问题，这也是主研者张玉春有待攻克的问题。

“传统技艺是陶瓷的精华，更是中华民族的精华。有父辈传统技巧的支撑和深厚的文化底蕴，加之新的思维观念，中国的陶瓷艺术才会走得更远。”带着未能解决的遗憾，1991年，张玉春退休了，可他亟待解决的课题还没有完成。为了让中华民族这一博大精深的陶瓷文化更加完美地展示在世人面前，张老没有停止研究创新的脚步。他克服重重障碍和困难，带领儿子和儿媳成立了玉春天目瓷艺工作室，继续投入曜变天目金圈釉瓷烧制技术问题的解决和天目系列釉瓷的研发创新之中。

经过10多年的探索，他们终于攻克了原有烧制技术存在的各种问题，并将过去的几个品种发展到十几个。改进完善后的铁红金圈釉瓷在光亮度、晶花分布、花形花色、器型的古今结合等方面更加完美独特，当年的“国宝”更加斑斓夺目。

心灵物语

再高的山，再陡的坡，只要拥有一颗攀登的心，我们都能征服它。张玉春用行动创造了奇迹，让失传了千百年的国宝技艺又一次展现在人们面前。不仅如此，他发明的多种名贵结晶釉在世界上也是独一无二的，可见中国人具有伟大的创造力。

史海钩沉

瓷碗的故事

在中国女篮，流传着一个关于瓷碗的故事。1999年宫鲁鸣上任时，正是中国女篮跌入最低谷的时期，亚锦赛上负于不是对手的中国台北，中国女篮首次失去了奥运会的参赛资格。宫鲁鸣组建的新一届国家女篮集合那天，全队去食堂吃饭却发现需要自带餐具。队员们出去买碗筷的时候，大多选择不锈钢的，因为比较耐用。唯独官鲁鸣让队员帮他带了一只瓷碗，目的是希望队员们像用瓷碗吃饭一样，用心爱护这只易碎的碗，去珍惜眼下每一天的训练。其良苦用心，情真而意切。在“黄埔一期”的队员中，至今还时常想起瓷碗的故事。

■文苑荟萃

“瓷都”景德镇

景德镇，位于江西省东北部的昌江河畔，地处赣、浙、皖三省交界，是中国首批24座历史文化名城中唯一一座以生产陶瓷而著称的古老城市。景德镇自五代时期开始生产瓷器，至今已经走过了千年的发展历程。

景德镇素有“瓷都”之称，这里千年窑火不断，其瓷器以“白如玉，明如镜，薄如纸，声如磬”的独特风格蜚声海内外。景德镇手工制瓷工艺的所在区域主要是景德镇市城乡各地。

“中华向号瓷之国，瓷业高峰是此都。”景德镇瓷器造型优美、品种繁多、装饰丰富、风格独特。青花、玲珑、粉彩、颜色釉，合称景德镇四大传统名瓷。薄胎瓷人称神奇珍品，雕塑瓷为我国传统工艺美术品。景德镇陶瓷艺术是中国文化宝库中的重要财富。

王永民以“五笔字型”享誉世界

王永民（1942—），汉族，教授级高级工程师。五笔字型汉字输入法的发明人，北京王码电脑公司总裁。通诗文、书法、篆刻和音乐。

当我们在网络时代“十倍速”前进时，都回避不了一个关键点：中文输入法。20多年前，一个名叫王永民的中国人发明了一种叫作五笔字型的输入法，这种输入法能用26个键打出几千个汉字。至此，汉字输入不能与西文相比的时代被王永民终结了。

1942年12月，王永民生于河南省南阳地区南召县贫农家庭。王永民从小就喜欢给父亲当助手，一心想搞发明创造，家里的各种工具为他搞试验提供了方便。他给家里制作精巧的捕鼠机，帮妈妈改造了纺花机；还经常把书本知识用于实践，将书上的风向计、日影计时仪、小汽车、小火车等做成实物。

1962年，王永民从南召一中毕业，毫不犹豫地选择了科技。他报考大学的第一志愿是中国科技大学，第二志愿依然是中国科技大学，他决心要用科技进步改变祖国落后的面貌。在南召一中举行的高中毕业典礼上，品学兼优的王永民代表毕业生上台讲话。他大声疾呼：“翻开我们学过的物理、化学课本，上面印的都是外国人的头像。我们中国人为什么不能有伟大的发明创造，把头像也印在课本上？”这句名言在全校流传，激发了不少青年学子的雄心壮志，但也有一些人称他是“想把自己的脑袋印在书本上的狂妄家伙”。

对此王永民不以为意。1962年，王永民以南阳地区高考第一名的成绩考入中国科技大学无线电电子学系学微波天线和激光技术。大学期间他也雄心勃勃，期待着毕业后30岁当教授，成为一个对人类有贡献的人，让他这个中国人的头像也印在课本上。

汉字是中国五千年文化的产物和结晶，到了电脑时代却遇到了历史性的挑战。浩如烟海的汉字如何进入只有26个键位的现代计算机，被视为难以征服的“癌症”。

王永民偏不信邪，一头扎进了汉字输入的难题。在研究中，王永民每天工作十几个小时，几乎没有休息日。他在研究室里放了一张小床，但很少睡过，夜里困了往桌上一趴就算是最好的休息。室内还生了一个小炉子，稀饭就咸菜、挂面拌辣酱成了他的家常便饭。严重的营养不良使他原有的肝病日益加剧，右肾积水比左肾大了3倍，炉子上经常搁着药罐，苦涩的药味儿伴着他紧张工作。

王永民有一套“聚焦”理论，他常说：“聚光镜能把阳光聚在焦点上产生高温，事业也能把生命聚焦在一起，产生攻克科学堡垒的能量，哪怕把70岁聚焦成50岁，不也是值得的吗？”他恨不得把自己的生命浓缩起来，把全部的光和热集中在他的研究上。曲径通幽，经过王永民和助手们的艰难探索，“五笔字型”汉字输入法终于在迎接1983年的爆竹声中诞生了。消息传来，我国著名语言文字学家郑易里先生激动地宣布：“汉字输入不能与西文同日而语的时代一去不复返了！”

在多年来涌现出的汉字输入法中，“五笔字型”始终是国内最优秀的汉字输入技术。王永民回想往事，感慨良多，提笔以《五笔字型十年记事》为题，又填了一首《蝶恋花》：“跃马昆仑风雪路，月照羊肠，生死凭谁诉？踏破雄关难歇住，众山一览群英晤。痴梦十年栽铁树，装点神州，无意飘香露。莫道青丝霜影暮，欢歌遍地花开处。”“痴梦十年栽铁树，装点神州”，正是王永民10年奋斗和广阔胸襟的生动写照。

1978—1983年，以五年之功研究并发明被国内外专家评价为“其意义不亚于活字印刷术”的“五笔字型”（王码），以多学科最新成果之运用、集成和创造，提出“形码设计三原理”，首创“汉字字根周期表”，发明了25键4码高效汉字输入法和字词兼容技术，在世界上首破汉字输入电脑每分钟100个字的大关，并获美、英、中三国专利。

1983年后，王永民又以15年之力推广普及，使之覆盖国内90%以上的用户；他曾五次应邀赴联合国讲学，以“五笔字型”在全世界的广泛影响和应用，为祖国赢得了荣誉;1984年又荣获“五一劳动奖章”“国家级专家”“全国优秀科技工作者”等称号；1988年4月成为国务院特别命名的十名“全国劳动模范”之一；1993年当选为北京市十位杰出共产党员之一。

1994年后，王永民陆续发明“98王码”“阅读声译器”“名片管理器”等五项开创性专利技术。1995年8月赴美学习，1997年5月回国。

1998年2月，王永民“十年磨一‘键’”发明了我国第一个符合国家语言文字规范，能同时处理中、日、韩三国汉字，具有世界领先水平的“98规范王码”，同时推出世界上第一个汉字键盘输入的“全面解决方案”及其系列软件，成为我国汉字输入技术发展应用的里程碑。

从1996年起，王永民教授研究用数字键输入汉字的方法，首创“首部余部取码法”，于2000年8月实施完成了“五笔数码”汉字输入专利技术，开发了“王码6键”和“王码9键”两套成品软件。

如今输入法已经不再是阻碍国人大步前进在网络时代的绊脚石，各种各样的输入法足以让人眼花缭乱，但在30年前，一个五笔字型的东西确实给整个IT界注入了激情和活力。30年后，已过花甲之年的王永民仍在他的五笔字型上研究不辍。

心灵物语

“一介书生，半个农民”，是王永民给自己的描述。人们形容王永民常用“王者归来”四个字。的确，王永民的输入法给中国电脑技术的腾飞注入了激情和活力，开创了中国汉字输入法，是伟大的创举，使汉字这一古老的东方文字成为世界文字。

□史海钩沉

为母亲发明的“织布机”100万也不卖

王永民小时候家里很穷，母亲靠纺棉线织布做成鞋子卖钱养家。于是，他花费10年时间，用木头和竹子做成齿轮和蜗杆，发明了一台可以不倒转“上线”的织布机送给母亲。这个被王永民收藏了45年的“织布机”，曾有人开价100万元想买，却被他拒绝。

□文苑荟萃

中文输入法

中文输入法一般是特指中文的键盘输入法，其他还包括手写输入、语音输入、OCR（Optical Character Recognition，光学字元识别）等。

中文输入法是从1980年发展起来的，中间为单字输入、词语输入、整句输入等几个阶段。对于中文输入法的要求是以单字输入为基础达到全面覆盖；以词语输入为主干达到快速易用；整句输入还处于发展之中。

由于汉字有数以万计，电脑键盘不可能为每一个汉字而造一个按键。因此，人们需要替汉字编输入码，用数个键来输入一个汉字。

中文输入法的发展过程是“万码奔腾”的过程，在20年间就出现了上千种编码方法。

汉字的单字输入分为音码、形码、形音码、音形码、无理码等几类。

李官奇和大豆蛋白纤维

李官奇，河南省滑县老店镇人，滑县华康实业有限公司董事长，安阳市劳动模范，2007年被评为“安阳市返乡创业十大杰出英才”。2008年奥运会夏季奥运圣火传递河南区最后一棒火炬手。目前申请专利21项。曾荣获国家科学技术进步奖、中国专利金奖、中国发明协会第二届发明创业奖等。

提到大豆蛋白纤维，必然提到李官奇。他因发明大豆蛋白纤维而出名。

李官奇的人生道路并不平常。在发明大豆蛋白纤维之前，他做过很多其他的工作：带领乡亲们开发小面粉厂加工线，购进油脂清除设备……

1988年，李官奇发现如果把榨过油的菜籽粕里的一种叫作芥子甙的毒清除出来，菜籽粕会因丰富的蛋白质含量用作各种家禽和牲畜的饲料，正适应农村发展养殖业的需求。于是，菜籽粕脱毒工艺和设备在他和合作伙伴的手中诞生，由此获得了1990年全国第四届发明展览会银奖。

李官奇属于那种对市场非常敏感的人，他开发的每一项产品、上马的每一个项目都因有较强的市场需求而获得投资回报；他又是一个不断进取的人，不断把眼光移向新的领域，不断探索企业经营机制和体制的转变。

1991年的一天，李官奇无意中在美国《化学文摘》上看到一篇文章，内容是：大豆蛋白质具备制丝的条件，有可能成为一种新型的植物蛋白纤维。国外已经研究此课题数十年，但一直没有成功。凭着多年经验，李官奇敏锐地意识到，这是一个十分有前途的研究课题。

一个只有高中文化程度的农民，要研究高分子化学、生物化学、试剂化学等高等化学理论，困难可想而知。而最让他感到困难的是，对于植物纤维国外报道很少，国内几乎是空白。没有前人的经验，要干就得从头干起。李官奇开始了他长达10年的研究工作。为研究大豆蛋白质纤维，他先后自费买了十几万元的相关学科专著和参考书籍，自学生物化学、高分子化学、大学物理、分析化学、纤维工艺学等学科，房间里是书上加书。

1994年，李官奇组建了股份制的河南华康生物化学工程联合集团公司，这使他成为乡镇企业转制成民营企业较早的一代企业家。同时，他又是一个具有顽强学习精神的人，随着事业的拓展，他把知识面拓展到面粉工程学、油料工程学、饲料学、机械加工、材料力学、材质学、流体力学、设计原理、食品化学、生物化学、高分子化学、物理化学等多个领域。从二十几岁起，他就以超出常人的毅力和超越常人的能力在不断补充丰富自己。

李官奇虽然没有"博士"的学位，但与他接触较深的人，都会为他的知识面、学术水平、思维的敏捷所折服，说他的知识结构是T型结构，既可以很宽，也可以很深。

他在人生旅途中，好像从没有时间停下脚步去品味一下成功的喜悦，涉足大豆蛋白纤维的开发，已是冥冥之中的一种召唤。

但是5年时间在呕心沥血中度过，离终点似乎还遥遥无期，过去上马一个项目一般只用一年多时间就可实现商品化的李官奇，这时才发现他大大低估了研制大豆蛋白纤维的困难。他隐约感到，从大豆中提取出蛋白仅仅是大豆蛋白纤维研制的初级阶段，每选择一种工艺路线都意味着上千万元的设备投入，都要经历几百次的实验。放弃，就意味着前功尽弃；不放弃，后面的路还很长、很长……

1996—1997年，重新又回到湿法纺丝工艺实验上的李官奇已经资金耗尽，他把原来准备建厂的20亩地卖了，把十几年创业积累的几千万元资金已经一部分一部分投了进去。前后有两年时间，厂里的工人和科研人员都发不出工资；全家人没有钱买粮食，靠乡亲接济；没有肉，没有蔬菜，仅靠馍和咸菜度日。李官奇说，人生挣钱不是主要的，能吃多少？花多少？苦日子过惯了，最大的愿望就是搞出点儿好东西，在研制工作因资金问题进行不下去时，是当地银行的几百万贷款为李官奇雪中送炭。

1998年开始，我国第一条，也可以说世界上第一条大豆蛋白质纤维生产线正式启动。

2000年8月，专家们在验收报告上郑重地签了字，我国第一条大豆蛋白质再生纤维试验生产线终于诞生了。十年磨一剑，李官奇用“天绒”大豆纤维向世人证明了他的成功。

作为一位农民企业家，李官奇研制成功大豆蛋白纤维，被国际纺织界誉为“世界第八大人造纤维”，被世界知识产权组织和国家专利局授予发明专利金奖。

心灵物语

历时10年的艰辛探索，从榨过油的豆粕中神话般提取世界第八大人造纤维，并拉丝成线、纺纱成布、染色成衣，李官奇让中国在世界上第一次拥有了自主知识产权的纤维原创技术，结束了世界人造纤维发明史上没有中国人名字的缺憾。同时，中国创造也让中国纺织品的国际地位得到世界认可。

史海钩沉

李官奇大豆蛋白纤维作为国礼出征

2009年，新中国成立60周年之际，李官奇大豆蛋白纤维终端产品被中华人民共和国外交部、外交办指定为外交和外事礼品。这一中国原创发明以先进的技术和优异的品质将改变西方消费者形成的中国货等于低质、低价商品这样的固定概念。中国“原创发明”“中国创造”将以全新的姿态展现给世界。

目前，李官奇已成功研制出大豆纤维系列终端产品，“天绒”大豆纤维成人服饰。2009年应消费者需求，又推出“沅秀”大豆纤维孕婴服饰，产品以前所未有的舒适性和健康功能惊艳服饰行业，更是被育婴专家称赞为“宝宝胎衣”。

产品一经问世，就得到凤凰卫视、中央电视台等各大媒体的关注，党和国家领导人的重视、关怀，并深受国际友人喜爱。建国60周年之际，大豆纤维服饰被外交部指定为“外交礼品”，代表“中国创造”的标志性产品馈赠国际友人。

文苑荟萃

大豆蛋白纤维

大豆蛋白纤维属于再生植物蛋白纤维类，是以榨过油的大豆豆粕为原料，利用生物工程技术，提取出豆粕中的球蛋白，通过添加功能性助剂，与腈基、羟基等高聚物接枝、共聚、共混，制成一定浓度的蛋白质纺丝液，改变蛋白质空间结构，经湿法纺丝而成。

其单丝，细度细、比重轻、强伸度高、耐酸耐碱性强、吸湿导湿性好。同时有着羊绒般的柔软手感、蚕丝般的柔和光泽、棉的保暖性和良好的亲肤性等优良性能，还有明显的抑菌功能，被誉为“新世纪的健康舒适纤维”。

第二篇
改革旧制推进社会

魏孝文帝易俗行汉制

北魏孝文帝（467—499年），拓跋宏，是一位卓越的少数民族的政治家、军事家和改革家。崇尚汉族文化，实行汉化，禁胡服、胡语，改变度量衡，推广教育，改变姓氏并禁止归葬，提高了鲜卑人的文化水准，是西北方各民族陆续进入中原后民族融合的一次总结。

在我国南北朝时期的几十个君王中，真正有所作为并在历史上产生深刻影响的，要数北魏的孝文帝。他在位期间（471—499年），为了缓解阶级矛盾和民族矛盾，积极汲取汉族地主阶级的统治经验，大胆实行了一系列改革。

太和十四年（490年），临朝称制的冯太后病故，年方23岁的魏孝文帝拓跋宏开始亲自当政。他深知要使北魏富强，必须抛弃民族偏见，接受汉族文化，继续实行改革。于是，他决定迁都洛阳，并厉行实施了一系列改革鲜卑旧习的汉化政策。

北魏政权的建立者是文化较低、社会发展较为落后的鲜卑族拓跋部，且一直都于平城（今山西大同）。随着北方的统一，政治军事中心的南移，继续以平城为都城已不适应形势的变化。因为平城地处边塞，农业生产条件差，交通不便，也不容易控制全局；加之它是拓跋贵族的老巢，旧习俗浓重；又有北方柔然的威胁，很不利于巩固北魏政权。为了保持拓跋氏的统治地位，加强同南方汉族的联系，魏孝文帝决计迁都洛阳。

由于守旧贵族的反对，拓跋宏没有直接提出迁都的计划。太和十七年（493年），他亲统30万大军，宣称南伐。到了洛阳，正遇秋雨连绵，行军十分艰难，拓跋宏却仍下令南下伐齐。大臣们记取太武帝南征刘宋大败而归的教训，都跪在马前，请求停止南下。魏孝文帝说："你们既然不愿意再南下，那就先把都城迁来吧！"并且他要同意迁都的站左边，不同意迁都的站右边。尽管群臣都不情愿迁都，但迁都总比南征好，只好暂时同意迁都洛阳。第二年，拓跋宏又亲自回平城，说服了留在那里的鲜卑贵族。太和十九年（495年），北魏正式迁都到洛阳。

迁都洛阳后，魏孝文帝决心全面改革鲜卑习俗。他下令推广汉服，禁胡服；提倡鲜卑贵族改说汉话；迁到洛阳的鲜卑人要以洛阳为籍贯，改为汉姓；鼓励鲜卑族与汉族通婚；并采用汉族典章，评定士族门第等。

在学习和采用汉族生活方式方法方面，魏孝文帝自己首先身体力行，也十分注意检查和落实。他带头改自己的姓氏为元，并改名为元宏。据史书统计，鲜卑族共有118个姓变成了汉姓。

有一次，魏孝文帝外出回到洛阳，对大臣说："昨天我进城时，看到有个妇女还戴着帽子，穿着夹领小袖的鲜卑服，出了这种事情，你们为什么不检查？"有人回答："现在洛阳城里还是穿鲜卑服的人少，穿汉服的人多。"魏孝文帝听了很不高兴地说："你还想让所有的人穿鲜卑服吗？"随后，他把所有留守洛阳的官吏都批评了一顿，重申不许再穿鲜卑服。

对于讲汉话，魏孝文帝下令，30岁以上的官员，因一时难改，偶尔讲了鲜卑话的可不予处罚；凡30岁以下的官员，在朝廷上必须讲汉话，违反者就要撤职。史载，迁到洛阳的鲜卑人，不久就忘记了鲜卑话。

魏孝文帝十分重视与汉族地主联姻。他自己就把汉族大地主卢敏、崔宗伯、郑羲、王琼的女儿纳入后宫，并以当朝重臣李冲的女儿为皇后。他还让自己的五个弟弟都娶了汉族地主的女儿为妻，他的女儿也嫁给了汉族地主。其他鲜卑贵族也都按门第的高低，与汉族实行了对等婚姻。

在政治制度方面，魏孝文帝废除了鲜卑制度，对官制、法律、礼仪、典章诸方面都进行了改革，使北魏政权日趋封建化。

改革从来都不是毫无阻碍地进行的。魏孝文帝的迁都易俗引起了鲜卑贵族的不满。他们对于“变俗迁洛，改官制服，禁绝旧言，皆所不愿”。太和二十年（496年）八月，魏孝文帝出游嵩山，太子恂留守洛阳，就发生了太子恂密谋奔代（平城），分裂北魏的事。魏孝文帝立即返回洛阳，废掉了太子恂，不久又毅然将他处死。同年冬，鲜卑贵族中的元老穆泰等人又在平城发动叛乱，魏孝文帝也坚决镇压了。一次次的较量，沉重打击了鲜卑贵族的保守势力，巩固了魏孝文帝迁都易俗的改革成果。

太和二十三年（499年）四月，魏孝文帝在一次南征的途中病死，终年33岁。他在位29年，亲政8年，虽好大喜功，但能抛弃狭隘的民族偏见，实行一系列改革，促进和完成了鲜卑民族的封建化过程，也使我国北方出现了一个比较安定的政治局面。

心灵物语

魏孝文帝是在我国历史上起过积极作用的改革家，也是北方民族融合的一位积极推进者。不仅如此，他还是一位有眼光、有谋略、有远见卓识的明君。正是因为具有开拓创新的意识，魏孝文帝才力推改革，除旧布新，采取切实可行的方法促进民族间的融合和交流。

史海钩沉

“三长制”

魏道武帝拓跋珪建立北魏政权时，各地宗族坞堡林立。北魏政府利用各地“宗主”“督护”地方，实行宗主督护之制。魏孝文帝元宏改革时，为加强中央政府对人民的实际控制，采纳给事中李冲的建议，于太和十年（486年）建立三长制取代宗主督护制。三长制规定：五家为邻，设一邻长；

五邻为里，设一里长；五里为党，设一党长。三长制与均田制相辅而行，其职责是检查户口，征收租调，征发兵役与徭役。

三长制的建立，打破了豪强荫庇户口的合法性。在实行的过程中，三长还从大族豪强中产生，他们不仅本人可以享受免于征戍的特权，而且亲属中也有一至三人可以得到同样待遇。

文苑荟萃

龙门石窟

我国三大石窟之一的洛阳龙门石窟是孝文帝正式迁都洛阳那一年开始开凿的，与山西云冈石窟、甘肃敦煌莫高窟合称中国三大石窟。

龙门石窟位于河南省洛阳南郊 12 千米处的伊河两岸。经过自北魏至北宋 400 余年的开凿，至今仍存有窟龛 2100 多个，造像 10 万余尊，碑刻题记 3600 余品，多在伊水西岸，数量之多位于中国各大石窟之首。其中“龙门二十品”是书法魏碑精华，唐代著名书法家褚遂良所书的“伊阙佛龛之碑”则是初唐楷书艺术的典范。

柴荣改革除积弊

柴荣（921—959年），周世宗，一称柴世宗，五代时期后周皇帝，汉族，邢州尧山柴家庄人（今河北邢台隆尧），生于邢州龙冈（今邢台市）。善骑射，略通书史黄老。在位时间从955—959年为期5年。

柴荣，五代时邢州龙岗（今河北邢台西南）人。本是郭威内侄，后被收为养子。早年为郭威操家务，往来南北贩卖茶货。郭威举兵入汴时，受命留守邺城。后周初年，授澶州节度使，封晋王。郭威死后继位，称周世宗。因即位后复原姓，亦称柴世宗。他精明强干，志气宏大，决心统一中国。即位后，继承郭威的改革事业，革除五代积弊，致力国家统一，是五代十国时期最有作为的帝王。

907年，朱温灭唐建后梁。在以后的50多年里，先后有五个朝代统治黄河流域，史称“五代”。这期间，朝代更替频繁，割据政权众多，封建秩序已经到了无法维持的地步。不少皇帝荒淫贪婪，残虐贪浊，上下皆然；加之北方契丹人塞骚扰，天灾人祸，真是民不聊生。

后周太祖郭威出身贫贱，以应募当兵起家，是我国历史上仅有的一位“黥面天子”。他即位以后，很注意革除前朝的弊政。他曾说：“朕起于寒微，备尝艰苦，遭时丧乱，一旦为帝王，岂敢厚自奉养以病下民乎！”他保守疆土，力争恢复，积蓄力量，稳步改革，使朝政大为改观。柴荣正是在郭威改革前朝弊政的基础上，大胆改革政治、整顿军事、奖励农耕、励精图治。

显德元年（954年），柴荣刚即位，就有北汉军来犯。两军在高平（今山西高平）对阵，初次交锋时，大将樊爱能、何徽不战而逃，周军全线动摇。柴荣一马当先，率军冲击，终于转败为胜，进驻高平。战斗结束后，樊、何二将被斩首，其他脱逃将士也受到了惩罚，柴荣当即从立功的将士中提拔了70名，代替受处罚者的职位，接着就着手整编军队。柴荣下令在全国征选精壮，不论出身，只要武艺好，能效命朝廷，就选入禁军；同时对老弱骄惰的进行裁汰。经过整编，精悍了军队，也节省了国家开支，后周的军事力量得到了大大加强。

柴荣还整顿了纲纪。原来的朝廷上，元老耆旧颇多。他们少忠心，缺才干，多是平庸之辈。如冯道，曾在唐、晋、辽、汉、周五朝为臣，亡国衰君，均不在意，还自称“长乐老”。为了扭转局面，柴荣斥退老，减少冗官，调朝官任外职，并多次下诏求贤纳谏，罗致人才。他重用了王溥、范质、李谷、魏仁浦、王朴等文臣，提升了张永德、赵匡胤、李唐进、韩通等武将。他们同柴荣结成了亲密无间的君臣关系，在内政和军事上都有所建树。对一些贪污渎职的官员，也及时进行了惩治。左羽林大将军孟汉卿，在征收禾秆税时，于正数之外，多取损耗，被处斩。莱州（今山东掖县）刺史叶仁鲁，自恃是郭威的部下，贪污绢1.5万匹，钱1000缗，也被依法处斩。自此，朝中百官不敢再有所犯。

柴荣认为，富国强兵，统一天下，必须坚持以农为本。他刻一对木头农夫蚕妇放在殿廷上，以督促君臣留心农事。为了减轻百姓的赋税负担，他一即位就免除了各地所欠的夏秋租税，并规定，夏税从六月起征，秋税从十月起征，给百姓带来了很大方便。他下诏整顿户籍，丈量土地，取消特权，“课役皆不免”。连从来不纳租税的曲阜孔家也不例外，这是历史上很多皇帝无法做到的。在改革赋税的基础上，他又召民开荒，兴修水利，治理黄河、汴水，促进了农业生产的发展。

五代时期，佛教盛行，成了国家的沉重负担。柴荣宣布，天下寺院，非敕额（朝廷特许）者一律废除，使大批僧尼还俗，自谋生计，从事生产。为了打破人们对佛的迷信、敬畏心理，柴荣还亲自执斧把镇州

（今河北正定）寺院的观音像砸毁了。

唐末以来，世态日坏，君臣间信义丧失殆尽，柴荣则注意以德服人。他不仅对部下赏罚严明，以诚相待，就是对“外服”之官，甚至敌将，也晓以信义。镇守襄阳的节度使安审琦，十几年没到过开封，对后晋、后汉朝廷置之不理，进朝来拜见柴荣时，生怕被扣留不放。柴荣加封他太师之号，并热情送他回任，使他很受感动。显德四年（957年），攻下寿州（今安徽寿县）后，柴荣释囚犯，减租赋，大力安民，还特别表彰了与周军对垒、坚守数年的敌将刘仁赡，说他节操坚贞，是个难得的好人。这不仅显示了柴荣的豁达，也是他着意扭转世态政风的具体表现。

通过一系列改革，后周的军力、国力都有了大大增强。柴荣南征北战，先是在高平击败了来犯的北汉军，接着三次亲征南唐，攻取了江淮十四州，两次北伐契丹，收复了瀛、莫、易三州，又攻取了后蜀的阶、成、秦、凤四州。在正要进兵幽州（今北京）时，不幸患病退兵，不久去世，年仅39岁。

后周立国不及十年，因厉行改革，成绩斐然。柴荣在位仅六年，怀着“十年开拓天下，十年养百姓，十年致太平”的壮志宏图，一面力除五代积弊，一面进行统一战争。虽然壮志未酬，其贡献却是不可磨灭的。

心灵物语

国学大师陈寅恪说：“华夏民族之文化，历数千载之演进，造极于赵宋之世。”但“赵宋之世”的实际开创者并不是赵匡胤。赵匡胤是踩着巨人的肩膀登上高峰的。而为他搭桥辅路、奠定基业的，就是流星般划过历史天空的短命天子后周世宗柴荣。

后周立国虽短，但军力、国力雄厚。不难看出，周世宗柴荣改革成绩卓著。柴荣是五代时期最英明的君主，在当时的社会，他大刀阔斧推行改革，本身就是一种创新，也体现了一种进取精神。

■史海钩沉

周世宗灭佛

955年5月，后周世宗诏天下寺院，非敕赐寺额者皆废之，所有功德佛像及僧尼并于当留寺院中，今后不得再造寺院。禁私度僧尼，凡欲出家者，须先取得祖父母、父母、伯叔同意，方许出家。禁僧俗舍身、断手足、炼指、带铃、挂灯、毁破身体等。有如所犯，所在严断，递配边远，勒令还俗。结果当年废寺院30336座，存2690座。有僧42444人，尼18756人。

同年9月，周世宗又以县官久不铸钱，而民间多销毁铜钱造器皿及铸佛像为由，敕立监采铜铸钱，除县官法物、军器及寺观钟磬钹铎之外，民间铜器、佛像，限五十日内全部送官，官给价值；过期匿而不送，五斤以上死罪，一斤以下徒二年。

■文苑荟萃

周元通宝

“周元通宝”始铸于周世宗柴荣显德二年（955年），是五代时期铸行最多、质量最好的铜钱。周元通宝形制仿唐开元钱，制作精良，钱文整肃端庄，一般的钱直径为2.5~2.9厘米。它与开元通宝的区别是“元”字较扁，“宝”字较小，轮廓稍宽。

周忱的财政改革

周忱（1381—1453年），字恂如，江西吉水人。明前期大臣，以善理财知名。永乐二年（1404年）进士，补翰林院庶吉士。翌年进学文渊阁，寻擢刑部主事，进员外郎。洪熙元年（1425年）迁越府长史。宣德五年（1430年）授工部右侍郎，奉命巡抚江南，总督税粮。他有经世之才，在巡抚任上，厘奸革弊，抑制豪右，进行了一些有益于社会生产的赋役改革。

周忱，明永乐进士，选庶吉士，进文渊阁，修《永乐大典》，书成后进员外郎，后以工部右侍郎巡抚江南诸府，总督粮税。他兴利除弊，体恤国民，在力所能及的范围内积极进行了一系列财政改革。后人称赞他“殚公心以体国，而才力足以济之”。

周忱从小聪明好学，立志报国安民。他怀抱经世之才，却一直没有得到重用，担任工部右侍郎时，已年高50岁。当时，天下税赋比较混乱，多有拖欠，江南尤甚。光是苏州一郡，历年拖欠的税粮就多达800万石。

宣德五年（1430年），周忱受命巡抚江南诸府，整顿财政，总督税粮。他深入调查研究，经过深思熟虑，进行了一系列的财政改革。

首先是创立“平米法”。周忱遍访江南，了解逋税原因，不外乎一是税则太重，二是加耗（法定的田赋附加税）不均。针对这种情况，周忱创立了“平米法”，这是江南赋税制度的重要改革。通过改革，“令官民田并出耗”，依照规定税则征收税粮。运输中的“加耗”依一定比例摊派，不论官田民田、大户小户一律征收。这种正、耗并征的税粮就叫平米。同时实行均征或折征，即改革税粮征收办法，使官民田土和各种税户负担相对均平。周忱规定，凡是税则较重的田土，让他们交纳实际负担较轻的折色。即将粮米折成银两（又叫金花银）或布匹等物缴纳，而让那些税则较轻的田土缴纳实际负担较重的本色，如白粮、糙米之类。这类折征的办法使重则官田的负担有了显著减轻。

其次是建立济农仓。就是将江南诸府的税粮结余以济农仓储之，与民方便。每岁征收税粮后，到第二年正月中旬，总要下檄放粮，并告知百姓：“此百姓纳与朝廷剩数，今还与百姓用之。努力种朝廷田，秋间又纳朝廷税也。”这就解决了百姓青黄不接之苦。地方上的一些开支也领于此，不再征于百姓。而且这些用于公益的开支，借者不必偿还；耕者借贷，则酌情给予，秋天偿还，荒年再赈。由于设立济农仓，诸府余米大增，公私饶足，外郡闹灾荒也能及时援助。

再次是整顿盐课。正统二年（1437年），淮阳水灾，盐课亏少。周忱前往巡视，他让苏州诸府拨余米一两万石运扬州盐场，折抵明年田租，灶户可以纳盐给米（时米贵盐贱），官得积盐，民得食米，公私大济，接着他又奉命兼理松江盐课。周忱经过调查，向朝廷陈奏“铸铁釜、恤卤丁、选总催、严私贩”四事，并得以施行。还节省灶户运耗，得米3.2万余石，亦仿济农仓法，设赡盐仓，用来补偿逃亡缺额。这样，灶户负担有所改善，盐课大殖。

周忱的改革措施确实革除了多年的积弊，利国利民，公私两便。史载周忱在任期间，江南几个大郡，逋负全除，粮仓始有储备，百姓不知凶荒。

周忱的财政改革获得了成功，是与他深入调查研究分不开的。据说他“久任江南，与吏民相习若家人父子”。由于他下心体物，博详舆情，所以民情土俗无不周知。他的许多改革方案之所以切中时弊，深得民心，这是一条重要原因。而上下支持是另一个重要原因。周忱的改革曾受到宣宗、英宗的信任，也得到了杨士奇、杨荣、夏原吉等元老重臣的支持。一些很有才干的部下又与他同心奋斗，如苏州的知府况钟、松江知府赵豫、常州知府莫愚、常州内知赵泰等，都能“推心与咨画，务尽其长”，成为周忱的得力助手，从而把改革推向成功。

心灵物语

无论是“平米法”还是整顿盐课，这些改革的财政措施都是一种创新。周忱力除积弊、除旧布新的举措，对当时的社会产生了重大影响。

史海钩沉

能屈能伸的周忱

明代周忱巡抚江南时，富豪王振当权，周担心王振会妨碍他工作。当时正遇上王振刚开始修筑自家宅第，周忱就暗地里命令人丈量王振的斋阁内部大小，然后派人到松江定做一块剪绒毯赠送给他。尺寸大小正好合适，王振得到更是喜上加喜。此后，凡是周忱向朝廷申报有利于当地建设的项目，都由王振赞助，江南一带受益于此。

文苑荟萃

紫禁城

紫禁城是中国明、清两代24个皇帝的皇宫。明朝第三位皇帝朱棣在夺取帝位后，决定迁都北京，即开始营造紫禁城宫殿，至明永乐十八年（1420年）落成。依照中国古代星象学说，紫微垣（即北极星）位于中天，乃天帝所居，天人对应，是以皇帝的居所又称紫禁城。

紫禁城位于北京市中心，现称为故宫，意为过去的皇宫。它是明、清两代的皇宫，也是当今世界上现存规模最大、建筑最雄伟、保存最完整的古代宫殿和古建筑群。明朝所建紫禁城有两座，一在北京，一在南京。

严复为强国传播“西学”

严复（1854—1921年），原名宗光，字又陵；后改名复，字几道。汉族，福建侯官人，清末很有影响的资产阶级启蒙思想家、翻译家和教育家，中国近代史上向西方国家寻找真理的“先进的中国人”之一。

严复生于读书世家，少好学。14岁时，就以第一名的优异成绩考取福州船政学堂。由于成绩优异，1877年他被选送英国留学，1879年又以优异成绩毕业于格林尼茨海军学院。

严复留英期间，正是英国资本主义发展的全盛时期。西方资本主义文明与中国腐朽封建制度的鲜明对照，无疑给这位24岁的青年以很大的刺激。于是，严复学的是海军，却以更多的时间考察了英国社会。他有时在街头徘徊，调查英国的市政建设；有时去法庭旁听，了解英国的司法制度；更多的时间则是在图书馆里读书，广泛涉猎资产阶级思想家的著作。经过两年多的考察和学习，严复渐渐悟出了一条道理：中国要图强图存，必须向西方学习。

1879年，严复结业回国，先回到母校福州船政学堂任教习，第二年就被李鸿章调到新成立的北洋水师学堂任总教习，后升总办。他在这里整整工作了20年。

1895年5月，在甲午战争失败、《马关条约》签订的刺激下，康有为领导了著名的“公车上书”请愿活动，维新运动开始了。但是维新派领袖康有为、梁启超等对于西方资本主义世界只是一知半解，在理论上难免牵强附会。此时，被称为“精通西学第一人”的严复立即投入鼓吹维新理论的宣传工作当中，并起了突出的作用。

1895年，严复在天津《直报》上先后发表了《论世变之亟》《原强》《救亡决论》《辟韩》四篇充满爱国主义激情的政治论文。其中，《原强》系统地表现了严复的维新主义思想，并对顽固派和中国的旧学进行了有力的抨击:《辟韩》尖锐地批驳了韩愈的《原道》，表述了类似启蒙思想的民主理论。在这些文章中，严复提出了“鼓民力、开民智、新民德”的口号，认为只有“尊民贬君”，创立议院，以君主立宪制代替封建专制，中国才有可能发达兴旺。

严复在维新运动中的最大功绩，就是翻译发表了赫胥黎的《天演论》。这是一部论述达尔文进化论的著作，原书名是《进化论与伦理学》。严复翻译时把“进化”译作“天演”，还以按语的形式阐发了不少自己的见解，译笔严谨，文辞精美，使他久负盛名。

严复把达尔文的进化论归结为“物竞天择，适者生存”八个字。“物竞”即是自然界的各种生物都在为自身的生存而不断地竞争;“天择”即是只有适应环境的优者、强者才能被保存下来。严复进一步议论说，种族与种族之间，国家与国家之间，也是这种生存竞争的关系，也要遵循优胜劣汰的原则。他举例说，美洲土著民族浑浑噩噩，几乎灭种；波兰、印度愚昧落后，也已亡国。我们中国多年来落后挨打，再不改弦易辙，亡国灭种的命运就要轮到我们头上了。因而他大声疾呼，中华民族必须紧急行动起来，变法维新，图强图存。

严复翻译的《天演论》发表后，在社会上产生了巨大的反响。“物竞天择，适者生存”不仅成为爱国志士们的口头禅，同时也为变法维新提供了新的理论依据，从而加速了救亡图强的历史进程。

严复作为向西方寻求救国真理的代表人物是当之无愧的。他找到了进化论这个武器，启发了一代知识分子的觉醒。他传播的“西学”理论，有力地批判了腐朽落后的封建文化，使更多的中国人打开了眼界，并为他们提供了认识世界、改造世界新的思想方法。直到辛亥革命以后，许多学校仍把严复的译作当作教科书，对学生进行启蒙教育，当时的进步青年也没有不读严复的书的。因此，毛泽东在《论人民民主专政》一文中称，“洪秀全、康有为、严复和孙中山，代表了在中国共产党出世以前向西方寻找真理的一派人物”。

心灵物语

严复第一次把西方的古典经济学、政治学理论以及自然科学和哲学理论较为系统地引入中国，启蒙教育了一代国人。其“教育救国论”也在一定程度上冲击着中国的新青年。可见，时代向前发展，思想必须跟着向前，不能固执不变，倒退是没有出路的。正是秉持着这种信念，严复积极宣传维新思想，把世界的先进文化理念引入中国，冲击挽救了一代中国人。

史海钩沉

清末“闭关锁国”政策

锁国政策指关门自守，不与外界接触的一种外交政策，是典型的地方保护主义。

1757年，一道圣旨从京城传到沿海各省，下令除广州一地外，停止厦门、宁波等港口的对外贸易，这就是所谓的“一口通商”政策。这一命令标志着清政府彻底奉行起闭关锁国的政策。乾隆的这道圣旨常被视为是导致近代中国落后于世界的原因之一。

闭关锁国减少了与外界接触的机会，阻碍本国的经济发展，彻底丧失对外贸易主动权；阻隔与外国的科技文化交流，以致阻碍生产力的发展和社会进步；造成国际冲突，使此后的清政府与各国间矛盾激化，战争不断。

■文苑荟萃

晚清四大谴责小说

由于资产阶级改良派和民主革命派的大力倡导，晚清的小说创作得到了空前的发展，涌现出了一大批有影响的小说，形成了晚清小说创作繁荣的局面。而“晚清四大谴责小说”的出现，则是中国小说创作进入又一个繁荣时期的重要标志。

晚清四大谴责小说是中国清末四部谴责小说的合称，即李宝嘉(李伯元)的《官场现形记》、吴沃尧(吴趼人)的《二十年目睹之怪现状》、刘鹗的《老残游记》和曾朴的《孽海花》。

《官场现形记》由许多相对独立的短篇蝉联而成，全书共60回。作品从改良主义的立场出发，抨击了封建社会末期的官僚制度，着力地描写了官僚们的贪污腐败和媚外卖国的丑态，以及他们对人民的残酷压榨和迫害。

《二十年目睹之怪现象》是一部带有自传性质的作品。小说通过九死一生这个人物在20年中耳闻目见的无数怪现状，描绘了一幅行将崩溃的清帝国的社会图卷。本书反映的内容相当广泛，但它的重点还是暴露官场的黑暗。

《老残游记》写的是一个摇串铃的江湖医生在游走途中的所见、所闻、所为，反映了晚清的某些社会现实，表达了作者对时局的见解和他的一些政治主张。

《孽海花》和其他小说不同，书中人物无不有所影射。通过对当时京城内外官僚名士、封建文人的思想生活和社会风气的描写，展现了清末的政治、经济、外交和社会生活的情况，对封建统治者的昏庸腐败、帝国主义的侵略野心，进行了一定程度的揭露。

李鸿章与洋务运动

李鸿章（1823—1901年），本名章桐，字渐甫（一字子黻），号少荃（泉），晚年自号仪叟，别号省心，谥文忠。安徽合肥人。中国清朝末期重臣，洋务运动的主要倡导者之一，淮军创始人和统帅。官至直隶总督兼北洋通商大臣，授文华殿大学士。被视为大清帝国中唯一有能耐可和世界列强一争长短之人。著有《李文忠公全集》。

洋务派中，李鸿章办的军工企业最多。李鸿章调任直隶总督兼北洋大臣以后，即以天津为基地，进行了一系列的洋务建设，如修铁路、开设电报中心等。其中最大的贡献是创办“天津机器局”。

天津机器局始建于同治六年（1867年），初由满洲贵族、三口通商大臣崇厚负责筹建。厂址设在“城南三里海光寺”，称为西局；后又在“天津城东十八里贾家沽道地方设立火药局”，是为东局。清政府为建天津机器局，拨开办费白银23.53万余两，还批准常年由天津海关收入提取四成作经费。崇厚委托英国人密妥士全权办理，但密妥士是个商人，“不精机器”，筹备了三四年，虽初具规模，但进展缓慢，所谓“垣局尚需加修，机器尚需添置，火药亦尚未开造”，没有取得预期的效果。1870年8月底，李鸿章奉命督直，清政府遂将天津机器局交派李鸿章接办。

李鸿章接办天津机器局后，首先在人事上进行了整顿。他认为，天津机器局当时之急务，是调派“廉正熟悉而有条理”的人来开拓，于是立即将英国总办密妥士撤差，而代之以他的亲信、湖北补用道、原上海机器局督办沈保靖为总办。同时还辞退了技艺未精之洋匠，解雇了厂内的旗丁，从南方调来大批技艺精湛的匠人。这样不仅提高了天津机器局的技艺水平，同时使该局“完全由忠于李鸿章的南方人所把持”。

通过人事安排收回天津机器局的控制权后，李鸿章随即对该局进行了大规模的增新和扩建工作。1873年在局内增建厂房，添购药碾，加盖围墙，修筑护厂堤，又在北郊蒲口建洋式药库三座；1874年再扩建碾坊三座，“六角藕饼药”厂一座，韩家墅药库一座，并将两局机器房扩建为洋枪厂，铜帽房扩建为枪子厂；试制出了镪水、水雷、雷管等产品，还自行制造了车、刨、钻、锯等机床。

经过李鸿章短短几年的扩建经营，天津机器局已“就岁成军火而论，较前两年多至三四倍”，不仅为北洋“水陆各军取给之源”，同时还能“应付直隶、淮、练军、关外征防各营及调援台湾、奉天之师”，均能使其“储备有余，取用不匮”。从而成为中国北方，乃至亚洲最大的近代化兵工厂。

此后，李鸿章对天津机器局的扩建工作从未间断。自1876年至1892年，又先后增建了电气水雷局、提磺厂、栗色火药厂、大型炼钢厂等。至此，天津机器局不仅成为一座能够生产火药、铜帽、枪、炮、子弹、炮弹、拉火、水雷等军事产品的近代兵工厂，同时还是一个具有机器制造、基本化学、金属冶炼、铸造、热加工等功能的先进联合企业。

心灵物语

李鸿章作为清王朝的买办官僚，创办天津机器局，发展军火工业，无疑是为了维护和巩固地主阶级的统治地位。但也应客观地看到，近代军事工业的创办打破了英法等西方列强“夸其独有”的局面，多少缩短了中国与西方的差距，从而促进了中国近代工业化的历史进程。

而且，作为一种新事物，天津机器局还推动了中国科技历史的发展，对中国近代工业的发展产生了深远影响。

史海钩沉

李鸿章“终生不履日地”

中日甲午战争，清政府惨败，不得不派李鸿章去日本接受战败的事实。李鸿章带着“争得一分有一分之益”的使命与日方在割地赔款问题上斡旋，但日方根本不为所动，更以中方代表能否安全回国相要挟。李氏父子只得无可奈何地在《马关条约》上签了字。

也正是因为《马关条约》的强烈刺激，李鸿章发誓“终生不履日地”。两年后他出使欧美各国回来，途经日本横滨，再也不愿登岸。当时需要换乘轮船，要用小船摆渡，他一看是日本船，怎么也不肯上，最后没有办法，只好在两艘轮船之间架了一块木板，慢慢挪过去。

在李鸿章去世的第二年，吴汝纶东游日本考察教育，看到李公当年谈判时坐的凳子竟都要比日本人矮半截，不觉悲从中来，陪同的日本友人要他留下墨宝。他大书“伤心之地”。

文苑荟萃

淮　军

淮军是晚清在曾国藩指示下由李鸿章招募淮勇编练的一支军队。淮军出于湘军。1861 年（咸丰十一年），太平军向上海进军，上海守备清军不能抵抗，外援英军未到，曾国藩即命他的得力幕僚李鸿章招募淮勇，又称“淮军”。其后，淮军乘英国轮船，闯过太平天国辖境，前往上海，与英、美各军合作对抗太平军。

1865 年至 1868 年间，淮军作为清军主力，在曾国藩、李鸿章率领下，先后在安徽、湖北、河南、山东、江苏、直隶（约今河北）等地，与捻军作战。捻军被镇压后，淮军担负北自天津、保定，南迄上海、吴淞，南北数千里江海要地的防守。李鸿章以淮军势力为基础，掌握了国家外交、军事和经济大权，成为晚清政局中的重要人物。淮军主要将领张树声、刘铭传、周盛波、潘鼎新、吴长庆、丁汝昌、叶志超、卫汝贵、聂士成等，形成淮系军阀，是统治阶层中一个重要的武装政治集团。

陈炽倡导中西结合富国

陈炽（？—1900年），清末维新派。原名家瑶，字次亮，晚号瑶林馆主。江西瑞金人。历任户部郎中、刑部章京、军机处章京，曾遍游沿海各商埠，并考察香港、澳门，“留心天下利病”，深研经济学，主张学习西方以求自强。1893年（光绪十九年）为郑观应《盛世危言》作序，并自撰《庸书》内外百篇，疾旧制之弊，言改革之宜。

陈炽，光绪举人，历任户部郎中、刑部郎中、军机处章京、户部员外郎等职。光绪十九年（1893年），他在积极研究西学，并到香港、澳门等地游历考察的基础上，写成《庸书》，主张仿行西法，改革自强。光绪二十二年（1896年），刊行经济专著《续富国策》，陈称之为“救中国贫弱而作”。因亚当·斯密的《国富论》曾译为《富国策》，故定名为《续富国策》，主张振兴商务，发展经济。

陈炽振兴商务的思想，大多是在《续富国策》中提出的。其内容主要是：

1.富国必先富民。地主阶级顽固派和洋务派大都主张富国，但他们主要是要富朝廷及统治阶级，对百姓则是残酷压榨。陈炽认为，富国必先富民，“百姓足，君孰于不足”，实际是在为资本家的财富增值寻找根据。在他所处的时代，顽固派和洋务派都以贵义贱利的儒家教条来反对发展工商业。陈炽却认为，“义”允许人人都有追求利的权利，违反了就是不“义”。他还直言不讳地揭露说：“吾虑天下口不言利者，其好利有甚于人也；且别有图利之方，而举世所不及觉也。”这是对地主阶级顽固派和洋务派的深刻揭露，其意在为人人追求财富寻找理由，为发展资本主义生产扫清道路。

2. 振兴商务，开拓利源。在富民思想的指导下，陈炽进一步指出，“古之时，财不在上则在下，否则饱于中，今则不在内，而流溢于外”，造成这种结果的原因是“商务不振为之也”。为了达到振兴商务的目的，他还要求废除外国侵略者强加于中国的协定关税、内河航行等不平等的协定和条约。他说：“利之所在，即权之所在，不可轻以假人。”可见他的主张是对外为振兴商务扫清道路，对内要发展资本主义经济。

3. 正确认识国民经济部门间的关系。陈炽非常重视商业，又能正确理解商业与国民经济中其他部门之间的关系。比较精彩的是他对“移”“夺”“生”的概念解释：“移之者何？除中饱是也；夺之者何？加赋税是也。然亦未有能移夺外国之财以归中国者。若生财之道，则必地上本无是物，人间本无是财，而今忽有之。”这里他用“移”“夺”“生”三个字把财富的生产和财富的再分配明确地区别开来。因此对“振兴商务，开利之源”中“商务”的理解必须放在国民经济各部门上，而不能局限于商业。

事实上，陈炽也把生财之道放在生产上。他说：“源之本在农，农事兴则百物蕃而利源可浚也。商之源在矿，矿务开则五金旺而财用可丰也。商之体在用工，工艺盛财货殷阗而转运流通，可以通行四海也。”可见他对生产决定流通这一规律还是有比较深刻的认识。而他的“商务”之说不过是顺应了资本主义制度下，对国民经济各部门的称谓而已。

4. 实行各种经营方式。陈炽对国民经济各部门之间关系的认识决定了他对各部门经营方式的认识。在《续富国策》中，他对农业、工业和商业的经营方式都提出了自己的主张。关于农业，他认为，第一，必须多业并举；第二，要实行资本主义经营方式。关于工业，他认为，第一，必须发展制成品工业，这样出口才能获大利；第二，要建立专利制度，利用人们追求物质利益的心理推动工业前进。关于商业，他认为，第一，必须放手让商人办商业，国家不能事事插手；第二，必须加强商业信息的收集。

总之，陈炽的经济管理思想较之前人有相当大的发展。在宏观上如何认识国民经济各业间的关系，其见解独到并有一定的科学性；在微观上，他对各业内部如何发展也有新颖的见解，尤其是对农业和商业经营的论述至今仍有可借鉴之处。

心灵物语

陈炽的爱国主义思想及一生报效国家并为之不懈努力的精神是可贵的。他提出的改革变法、中西结合和富国强民的理论，在当时可谓真知灼见，至今对国家经济发展也不无裨益。

史海钩沉

强学会

强学会是中国清末戊戌变法时期的政治团体。强学会又称译书局或强学书局。列名会籍的有康有为、梁启超、沈曾植、文廷式、陈炽、丁立钧、杨锐等，李鸿藻、翁同龢等也予以支持，成为改良派和帝党相结合的政治团体。

先是北京成立强学会，随后，上海强学会也成立，拟定章程，说明“专为中国自强而立”，以通声气，聚图书，讲专门，成人才，成“圣教”。1896年1月12日刊《强学报》，倡导维新变法，提出开议院的政治主张。1896年1月20日，后党御史杨崇伊上疏弹劾强学会，请饬严禁。该会遂被改为官书局，专欲“译刻各国书籍”，不许议论时政，不准臧否人物，分学务、选书、局务、极务四门。这就使“专为中国自强而立”的强学会违反了办会的宗旨。北京的强学会遭封禁，上海强学会也随之解散。

文苑荟萃

陈炽故居

据史料载，瑞林梅江自明清以来就是瑞金、于都、宁都三县（市）接合部的商贸集散水域，一度“商贾云集，民物繁广”。

而陈炽的故居就坐落于此。一幢砖木结构的悬山式两层建筑，坐北朝南，傍山而建，前院内左右两边又各伸出一幢私厅，在一派古香古色中流溢着清代客家建筑物特有的艺术风韵。前院筑有大围墙，正中为一座重修的牌坊式石门楼，门楼外又是一个可容纳数百人的大禾坪，坪前的护堤高坎是用大石头垒筑起来的，齐人胸高。在深山幽谷之中，有如此规模的建筑，确实罕见！门楼上方有一块题有“天马山庄”的石匾额，书法与雕刻都隽永苍劲，是陈炽的手迹。

至于陈炽的真正墓地则无人知晓，据说这是陈炽生前的安排，他希望能魂归故里。至今，在禾塘附近的水口、丁陂、莲塘下等村分别保留着3座陈炽墓，其后人都就近祭祀。

蔡元培创新北大教育

蔡元培（1868—1940年），字鹤卿，又字仲申、民友、孑民，乳名阿培，并曾化名蔡振、周子余，浙江绍兴山阴县（今绍兴市）人，革命家、教育家、政治家。中华民国首任教育总长，1916年至1927年任北京大学校长，革新北大，开“学术”“自由”之风；1920年至1930年，蔡元培同时兼任中法大学校长。

蔡元培，商人家庭出身。他天资聪颖，酷爱读书。光绪十八年（1892年），以新科进士补翰林院编修，成为当时颇负盛名的士大夫。

但是，科举道路上的平步青云，并没有能够束缚蔡元培的爱国之心。在中国社会危机不断加深的一系列变故中，蔡元培逐渐觉醒了。开始时他对清政府感到失望，继而同情维新变法，终知“清廷之不足为，革命之不可已”，于是他毅然弃官职，返故里，举办教育，立志为革新社会培养人才。

1917年1月，政府任命蔡元培为北京大学校长。北京大学是清末时开办的一所“老爷”大学。辛亥革命后，学生虽然不是京官老爷了，但仍然是学校腐败，学风不振。蔡元培满怀对教育事业的热爱之情，下决心要对北京大学作一番认真的整顿。

为了变革学生的观念，蔡元培在到校后的第一次演说中，就郑重宣布：“大学生当以研究学术为天职，不当以大学为升官发财之阶梯。”这就是北京大学新的办学方向，与旧北大截然不同。他对学生提出了三点要求：一是抱定宗旨；二是砥砺德行；三是敬爱师友。随后，他整顿了教员队伍。

蔡元培深知北京大学要弃旧图新，必须有一批“积学而热心”的教员。于是，他到任十天就聘请新文化运动的倡导者陈独秀为文科学长（即文学院长），又聘请李大钊为图书馆长兼经济系教授，还聘请鲁迅、胡适、钱玄同、刘半农、周作人等人为文科教授，李四光、王星拱、颜任光、任鸿隽、李书华等人为理科教授。对于不称职的教员，不论其背景如何，则一概予以辞退。英国公使朱尔典曾为一名被解聘的英籍教员到校找蔡元培讲情，但蔡元培毫不讲情面。朱尔典恼羞成怒，气势汹汹地威胁说：“蔡元培是不想再做校长了。”蔡元培听了，一笑置之，不为所动。

蔡元培也对北大的体制、科系、课程进行了一系列改革。为了打破独裁，有利于集思广益，他设立了评议会，作为全校最高权力机构；同时建立各学科（系）的教授会，组织本学科教学；建立各科教授主任组成的教务处，领导全校的教学活动。蔡元培在北京大学贯彻的是“思想自由”“兼容并包”的办学方针。不论何种学派，只要言之成理，持之有故，他都允许在北大讲坛上有一席之地。他表面上似乎不排斥旧派，但在封建专制思想笼罩着中国的当时，实际上打破了封建文化的一统天下，使北大成了当时新文化运动的中心。在蔡元培的支持下，北京大学的学术气氛活跃，各种学术团体、社会团体和杂志社纷纷兴起，一派生机勃勃的景象。可以说，没有蔡元培主持下的北大，就很难出现汹涌澎湃的新文化运动！

蔡元培任北大校长期间，主张学生“爱国不忘读书，读书不忘爱国”，支持学生参加爱国政治活动。1919年5月初，当他得知北洋军阀政府已密令出席巴黎和会的中国代表，在丧权辱国的《凡尔赛条约》上签字的消息后，立即转告了北大的学生代表，从而促成了“五四”学生运动的爆发。学生被捕后，他又亲自到教育部和警厅组织营救被捕的爱国学生。蔡元培以自己的实际行动赢得了北大师生的衷心爱戴。

五四运动以后，蔡元培被迫辞职。晚年他奔走呼号，倡导抗日，积极开展爱国民主运动。1940年他病逝于香港，终年72岁。蔡元培为革命奋斗40年，为发展中国教育文化事业功劳卓著，被毛泽东同志赞誉为“学界泰斗，人世楷模”。

心灵物语

“我们教书，是要引起学生的读书兴趣，做教员的不可一句一句或一字一字地都讲给学生听，最好使学生自己去研究，教员不讲也可以，等到学生实在不能用自己的力量去了解功课时，才去帮助他。”这是蔡元培的传世名言。

蔡元培改革北大教育正是一种求新、求真的体现。他不愿陈旧腐化的思想一直禁锢中国青年的灵魂，将先进的教育理念引入北大。这对当时的教育界是一种震撼，更是一种精神上的洗礼。

史海钩沉

蔡元培一生的三段婚姻

第一段婚姻：1889年，蔡元培迎娶了他的第一位夫人王昭。蔡元培的第一段婚姻可以说完全是奉父母之命、媒妁之言的旧式婚姻。正值二人刚刚培养起感情时，王昭因病离世。

第二段婚姻：时年33岁的蔡元培，认识了江西名士黄尔轩的女儿黄世振，又名仲玉。1902年元旦，蔡元培在杭州举办了他一生中的第二次婚礼。但在1920年年底，蔡元培由北京大学派遣去欧洲考察期间，黄仲玉去世。

第三段婚姻：在蔡元培54岁时，时任北大校长的他娶了33岁的周峻。1940年3月5日，也就是离周峻50岁生日还差两天的时候，蔡元培在香港因病逝世。

蔡元培一生经历了三段婚姻，这三段婚姻正好印证了蔡元培一生思想的变革，也印证了中国近代史的变迁。

第三篇 行业创新自强自立

李春创新的安济桥

李春（生卒年代不详），隋朝的一位普通石匠，隋炀帝大业年间（605—618年）设计建成了安济桥。李春是一个实践经验丰富的劳动者，他同其他工匠一起经过周密考察，认真总结了前人的建桥经验，并从实际需要出发，大胆创新，使赵州桥（安济桥）在设计上出现许多独特和高超之处。

河北赵县洨河上，有一座雄伟坚固的大石拱桥，名叫安济桥，又称赵州桥。桥全长50多米，宽9米，气势雄伟，结构奇特。桥下有一个跨度37米长的大石拱，两端各有两个小石拱。远远望去，宛如洨河上的一条长虹。这座桥经过1300多年的考验，经历了长年冰雪风霜的侵蚀，以及八次以上强烈地震的袭击，至今尚存，仍旧能承受车辆通行。这一奇迹，在世界桥梁史上是罕见的。它被公认为是全世界最古老的石拱桥，值得中国人民引以为傲。

我国古代传统建桥的方法，一般比较长的桥梁往往采用多孔形式，这样每孔的跨度小，坡度平缓，便于修建。但它的缺点很多，如桥墩多，不利于船只航行，有碍洪水宣泄；桥墩长期在水中受冲击侵蚀，容易坍塌。李春造赵州桥，大胆创新采取单孔长跨度大石拱形式，在河心不立桥墩。这在当时的世界上是一个空前的创举。

在拱的形式上，李春没有采用常见的半圆形（这种半圆拱一般高度是跨度的一半）。如果在37米宽的洨河上也用这种半圆拱的话，桥拱顶将高达18米以上，车马行人过桥，就要像翻小山一样不方便。李春大胆革新，改用平拱形式，把桥造成扁圆的新月形，使石拱高度降到7.23米（拱高与跨度之比约为1∶5）。这样，桥面坡度平缓，便于车马行人来往，而且还可以节省材料，减轻桥身自重，使桥身坚固。

为了适应夏秋两季山洪暴发时河水猛涨的特点，李春打破以往把桥拱肩部砌实的框框，在大拱券两肩上各设置两个小拱。这样，既增加了泄洪能力，减轻了桥身所承受的压力；又节省了石料约180立方米，使桥的重量减轻了约500吨。这一设计既符合结构力学理论，也使桥身显得均衡对称，更加美观。这不仅是我国桥梁工程技术上的一项伟大成就，而且也是世界敞肩拱桥的先驱。它比欧洲19世纪中叶兴建的同类拱桥早了1200多年。

李春选定河床的粗砂层作为大石桥的天然地基，上面覆压五层石板作为桥台，拱石就砌在桥台上面。大桥自建成到现在，桥基仅下沉了5厘米。据近代验算，这座桥对地面的压力是每平方厘米5到6千克，而一般粗砂地基的“许可耐压力”为每平方厘米4.5至6.5千克，证明了这里的天然地基正好能承担桥身的载重量。1300多年前能计算得如此准确，实在惊人。

赵州桥在砌置方法上也非同一般。李春大胆采用了纵向（顺桥方向）并列砌置法，即把整个大桥沿跨度方向用28道独立拱券并列组合起来。各道拱券单独砌置，省工省料。每道拱券都能各自独立承担荷载，便于修理。李春还借助当时的冶铁技术能制造铁具的条件，采用“腰铁”“铁拉杆”等技术，加强并列石拱券的横向联结；同时，每块1吨重左右的拱石各面都凿有细密的斜纹，让拱石贴得更紧，使桥身更加坚固。

赵州桥不仅是一座巧夺天工的巨大工程建筑，也是一件完美精致的艺术珍品。整座大桥造型优美协调，柔中有刚，雄伟秀逸。四个小拱的应用，使桥显得格外匀称轻巧。另外，桥栏板和望柱上还有许多精美的雕刻，刀法细腻，灵活多变，雄壮优美。所雕刻的龙兽形象逼真，欲飞若动，有的盘绕，有的跳跃，有的蹲坐，有的张目凝视，有的欢呼吞吐，造型之生动，堪称古代雕刻艺术的杰作。

赵州桥在中国桥梁史上有承前启后的重要意义。它证明了大跨度石拱桥在技术上的可能性。它的“敞肩”形式为以后的桥梁建设开创了新的方法和风格，在它的影响下，以后历代又建造了许多类似的大型拱桥。赵州桥不仅是我国拱桥的典范，而且在世界桥梁史上也占有光辉的一页。

心灵物语

李春是中国古代伟大的建筑师，他的创新精神被中华民族的传人代代传扬。

史海钩沉

河北赵县沿革

因地处古赵国，故名赵县。春秋初属鲜虞国；战国时初属中山国，后属赵国；西汉初置平棘县。明洪武元年（1368年）并入赵州，属真定府。民国二年（1913年）置赵县，属冀南道。1949年归河北省，并入宁晋县。1961年复设赵县。现为石家庄市辖县。

文苑荟萃

安济桥

（元）刘百熙

谁知千古娲皇石，解补人间地不平。
半夜移来山鬼泣，一虹横绝海神惊。
水中碧玉环中过，人在苍龙背上行。
日暮凭栏望河朔，不须击楫壮心声。

贝聿铭的玻璃金字塔

贝聿铭（1917—2019年），美籍华人建筑师，1983年普利兹克奖得主，被誉为“现代建筑的最后大师”。贝聿铭为苏州望族之后，曾在家族拥有的苏州园林狮子林里度过了一段童年时光。父亲贝祖贻曾任中华民国中央银行总裁，也是中国银行创始人之一。贝聿铭作品以公共建筑、文教建筑为主，被归类为现代主义建筑，善用钢材、混凝土、玻璃与石材，代表作品有美国华盛顿特区国家艺廊东厢、法国巴黎卢浮宫扩建工程、中国香港中国银行大厦、苏州博物馆。近期作品有卡达杜哈伊斯兰艺术博物馆。

20世纪80年代初，法国总统密特朗决定改建和扩建世界著名艺术宝库卢浮宫。为此，法国政府广泛征求设计方案。应征者都是法国及其他国家著名建筑师。最后由密特朗总统出面，邀请世界上15个声誉卓著的博物馆馆长对应征的设计方案进行选择。结果，有13位馆长选择了贝聿铭的设计方案。他设计用现代建筑材料在卢浮宫的拿破仑庭院内建造一座玻璃金字塔。不料此事一经公布，在法国引起了轩然大波。人们认为这样会破坏这座具有800年历史的古建筑风格。但是密特朗总统力排众议，还是采用了贝聿铭的设计方案。

当密特朗总统以国宾的礼遇将贝聿铭请到巴黎，为300年前的古典主义经典作品卢浮宫设计新的扩建时，法国人对贝聿铭要在卢浮宫院子里建造一个玻璃金字塔的设想表现了空前的反对。当他于1984年1月23日把金字塔方案当作“钻石”提交到历史古迹最高委员会时，得到的回答是：这巨大的破玩意儿只是一颗假钻石。当时90%的巴黎人都反对建造玻璃金字塔。

在这座大型玻璃金字塔的南、北、东三面还有三座5米高的小玻璃金字塔作点缀，与7个三角形喷水池汇成平面与立体几何图形的奇特美景。人们不但不再指责他，而且称“卢浮宫院内飞来了一颗巨大的宝石”。

人们一直小心翼翼地避免把古迹变成艺术大市场，而贝聿铭却希望“让人类最杰出的作品给最多的人来欣赏”。他反对一切将玻璃金字塔与石头金字塔的类比，因为后者为死人而建，前者则为活人而造。同时他相信，一座透明金字塔可以通过反映周围那座建筑物褐色的石头而对旧皇宫沉重的存在表示足够的敬意。自认因卢浮宫而读懂了法国历史观的贝聿铭并不难从埃菲尔铁塔中读出建筑的命运：建筑完成后要人接受不难，难就难在把它建造起来。因此他不惜在卢浮宫前建造了一个足尺模型，邀请6万巴黎人前往参观投票表达意见。结果，奇迹发生了，大部分人转变了原先的文化习惯，同意了这个“为活人建造”的玻璃金字塔设计。

贝聿铭设计建造的玻璃金字塔高21米，底宽30米，耸立在庭院中央，四个侧面由673块菱形玻璃拼组而成，总平面面积约有2000平方米。塔身总重量为200吨，其中玻璃净重105吨，金属支架仅有95吨。换言之，支架的负荷超过了它自身的重量。因此行家们认为，这座玻璃金字塔不仅是体现现代艺术风格的佳作，也是运用现代科学技术的独特尝试。

同一年，贝聿铭还获得了被称为建筑界诺贝尔奖的普利兹克奖。这个奖是1979年由“凯海”基金会设立的一项世界性最佳建筑成就荣誉奖金，每年颁发一次。贝聿铭是获得此项殊荣的第五人。

现在人们愿意承认，只有进入其中才会消失的埃菲尔铁塔和只有进入其中方可显现的玻璃金字塔，使“过去和现在的时代精神缩到了最小距离”，前者以强制姿态改写历史进程，而后者则隐匿地把历史拽到现代中来。而贝聿铭“让人类最杰出的作品给最多的人来欣赏”的愿望也最终得以实现。

心灵物语

玻璃金字塔矗立在法国，但它的周身披着中国的“外衣”。贝聿铭力排众议，大胆创新，将金字塔结构与中国的玻璃石材相联系。无论从设计本身，还是从建筑选材来看，都体现了一种“新”意。

史海钩沉

贝聿铭建造北京香山饭店

20世纪70年代末，中国开始走上改革开放之路。而此时，中国与世界现代建筑基本隔绝了30年，中国建筑师们面临着既要现代化，又要保持民族特色的集体困惑。中国建筑界在经过深刻的反思后，开始把目光投向国际建筑舞台。一位负有国际盛名的华裔建筑师引起了人们的注意——他就是贝聿铭。

1978年，旅居海外43年的贝聿铭应邀回到祖国，做了一次重要的考察。1979年，他又先后6次从大洋彼岸来到中国，最终设计了一座建筑的文化坐标——北京香山饭店。这是一座试验性建筑，表达出建筑师对中国建筑民族之路的思考。建筑设计师用简洁朴素、具有亲和力的江南民居为外部造型，将西方现代建筑原则与中国传统的营造手法，巧妙地融合成具有中国气质的建筑空间。

文苑荟萃

卢浮宫

卢浮宫始建于13世纪，是当时法国王室的城堡，被充当为国库及档案馆。也是世界上最古老、最大、最著名的博物馆之一，历经800多年扩建、重修达到今天的规模。宫前的金字塔形玻璃入口，是华人建筑大师贝聿铭设计的。卢浮宫是法国历史上最悠久的王宫。

藏品中有被誉为世界三宝的“维纳斯”雕像、《蒙娜丽莎》油画和“胜利女神”石雕，更有大量希腊、罗马、埃及及东方的古董，还有法国、意大利的远古遗物等。

陈晨用QQ经营粥铺

陈晨，浙江省温州市鹿城区人。在全国首先使用QQ经营粥铺，居然迅速改变命运，让深陷绝境的小店起死回生！

1991年，陈晨初中毕业。由于受身边人的影响，他没有选择继续读书，而是踏上了一条艰难的谋生之路。

经过8年的颠簸，陈晨懵懵懂懂地撞了一圈后，终于发现了粥铺市场的巨大潜力。2003年8月，在广州偷师学艺一年，陈晨返回温州，并开始筹备开办粥铺的事。然而，最简单的生意往往却是最难做的。粥铺开张头一天，陈晨从凌晨2点一直熬粥到清晨6点，好不容易做出各种花样的粥，可整整一天，他居然只卖出了十几碗粥。

这样下去怎么行呢？陈晨向进餐的人征求意见，结果一问才知，原来自己只顾照搬粤粥的风味，而忽视了当地人的口味。因为，广东人喝粥一般味道较浓，偏重调味；而温州人口味则以清淡为主。另外，为了节省费用，他煮粥时使用的器皿也不规范，以致煮出的粥味道既不够地道，也没体现出粥的应有风味。很快陈晨对粥进行了改进，虽然生意有转机了，但他做的毕竟是小本生意，一个月下来小店的收入竟然连租金都付不起。一筹莫展的他整天唉声叹气。

生意不好，人也寂寞无聊，陈晨便来到网吧聊天。一天夜里，他在QQ上与一位网友聊天时，对方获知了他的身份，忽然问他：能不能送碗粥过去？生意清淡，正愁没顾客时却有生意找上门。下了QQ，陈晨迅速热了一碗粥，打好包后就骑着自行车往对方的公司赶去。本来那位网友也只是随便说说并没抱希望，但是，当陈晨转眼之间就端着粥，冒雨来到他眼前时，他还是被感动了，并坚持一定要付给陈晨双份的钱。陈晨的到来也引起了公司其他人的注意，见他送来的粥十分地道，有几个人也随即向他提出了送餐的请求。没想到，他这一送，自此以后便与这家公司里很多人混熟了，人们不仅常常通过QQ要他送粥，还请他捎带送些馒头包子。在此基础上，陈晨又开始经营起面条、米粉和盒饭的生意。

一个QQ就带来了令人兴奋的局面，陈晨开始琢磨：既然QQ能联络客人，我何不好好利用这个工具挣钱呢？陈晨决定立即去买一台电脑，然后装上宽带，在店里上网，利用QQ去和更多的客人沟通。

一切准备就绪后，陈晨在自己QQ资料的个人设置一栏中输入了店名及联系资料，在个人说明里介绍：本人是“财神记”粥店的老板，经营各式花样粥和滋补粥，味美价廉，需要者可随时在网上订餐，我们实行上门服务。同时，他还在上面注明了各种粥的价格。

陈晨做完这些就开始与网友聊天，但聊天时他只选择当地的网友，并有意识地询问对方平时喜不喜欢喝粥，都喜欢喝什么样的粥。与人聊完天，他还不忘给对方留下一句：“如果你需要品尝我的粥，请随时Q我！”陈晨在网络上交的朋友越来越多，时间久了，那些加班族和泡吧族便开始通过QQ前来找他订餐了。网吧里上网的人多，一到吃饭时间，这些“网虫”大多不愿下网，便顺手给他发个QQ，让他送餐。而这时，陈晨只要把饭送去，网吧里几乎每个人都抢着要他送饭。

就这样，通过神奇的QQ，陈晨做足了这群泡吧族的生意。不过这个时候，他也发现QQ还有更大的作用，那就是独有的订餐方式：它不受时空、距离和陌生熟悉的限制，没有老幼、男女的拘束，只要在网上发个信息，举手之间便能顺利实现订餐的愿望。QQ既然拥有如此神奇的魅力，我何不好好利用它呢？陈晨这样想着，便开始谋划着怎样把送餐的范围拓展得更大。

为了让更多的人知道和了解他这种独特的送餐方式，陈晨随后又印制了大量的名片和外送单。他在上面注明：网上订餐请发QQ，饿了就随时Q我！

陈晨这一招果然十分奏效，人们看了他的名片，觉得QQ订餐既时髦又省话费，一到想喝粥的时候，就通过QQ给他发送信息。他这种便利的服务尤其受大学生和社会青年的欢迎。这群人既没什么收入又喜欢上网，因此市内的泡吧族很快就成了他固定的客人。而另一方面，许多在家上网的居民，或者家里的老人、小孩想喝粥时，或者想调剂胃口，也都纷纷找他订餐。这样一来，陈晨经营了一段时间就忙不过来了，他经常是前脚出门，电脑上的QQ图像就闪个不停。此后，陈晨见自己出门送餐经常耽误生意，就申请将自己的手机和QQ号捆绑在一起。如此一来，他不论走到哪里，即使不上网，只要有人Q他，他也能收到信息。只是这样一来，因为别人找他方便，他经常会半夜时分收到别人要求送餐的信息，不得不四处送餐。

由于陈晨实行的是随叫随到的送餐服务，其他餐馆都打烊了，他则是门关了人却没歇着，为此，他的名字逐渐在泡吧族、夜班族和消夜族中间传开。经营才几个月，“财神记”的生意便火爆起来，搞得实在忙不过来的他不得不又去买了8个煤气灶，还雇请了4名员工，让他们专门四处送餐。而他则一心在店里守着电脑和熬粥。

陈晨熬的粥品种很多，既有白粥、皮蛋瘦肉粥、鱼片粥、鲜虾粥、牛肉粥和海鲜粥等，也有绿豆莲子粥、桂圆粥、蜂蜜粥、枸杞羊肉粥、人参粥和鱼翅粥等，价格从1元到20元不等。另外，作为辅助食品，他还经营着砂锅饭和面食，供不同客人挑选。

陈晨苦苦经营了半年后，2004年4月，他的生意终于红火起来。以后，随着他的知名度提高，不仅泡吧族、加班族和消夜族来找他，就连医院的病人和小区的人也纷纷找他订餐。更为神奇的是，一些居民为了省事，居然连幼儿喝粥、家里办宴席、临时调剂客人胃口也都请他送餐上门。他这样一个粥铺开张才半年，居然一个月就能收入5万多元了。

当然，陈晨赚的这些钱都是辛苦钱。为了满足各种客人的需要，每天，他的小店一直都坚持营业到半夜12点钟才打烊。

陈晨的名气在温州越来越大，其服务对象也由当初的车站大道一带延伸至整个市区。后来，他不得不又租了一处地方，专门用来煲粥。

如今，陈晨的这种QQ订餐方式已经引起了大型饭店的关注，许多宾馆饭店已经开始研究他的这种独特服务方式，并准备加以借鉴。而一家大型快餐公司的老总也非常看好他，并愿意出高薪将他招至麾下，但被他婉言谢绝了。陈晨说，他准备等发展壮大后就成立一个QQ送餐公司，在全国各地开连锁店。到那时，他就要和当今盛行一时的洋快餐去掰掰手腕，比比高低。

心灵物语

在网络日益发达的今天，网上创业已经成为一个热门行业。陈晨利用网络经营粥铺，不仅为人们提供了方便，同时也让自己掘到了金子。生活中不缺少创新，只是缺少发现创新的眼睛。陈晨把小点子变成了大生意就很好地说明了这一点。

史海钩沉

当学徒的日子

说是学艺，作为同行是没人愿意教陈晨如何煲粥的。到广州后，他找了多家粥铺，但一提出学艺的要求，人家就把他拒之门外。最后没有办法，他干脆应聘到一家粥铺打起杂来。白天，他在店里跑堂、洗碗和打扫卫生；晚上，他则趁厨师忙得不可开交时，趁机给他们递调料、送工具。有时为了讨厨师的喜欢，他还送一些香烟和家里带来的土特产。这样时间一长，每当厨师忙不过来时，他们就会大喊他过来帮忙，而陈晨很快也堂而皇之地给厨师打起了下手。

终于有机会目睹厨师调制和煲粥了，从那天起，陈晨一边工作一边默记煲粥的操作要领。晚上，一回到宿舍，他就将当天看到的过程用本子记录下来。时间一长，他就掌握了如何煲粥、如何配料、如何把握时间和火候等。

文苑荟萃

养生话粥

粥俗称稀饭，古时也称为“糜”。自从黄帝发明了“烹谷为粥”以来，粥就是中国老百姓最喜欢的食品。粥在我国有数千年的历史，是我国人民一种独特的传统饮食，被誉为“世间第一补人之品”。北宋文人张文潜在《粥记》中说：“每晨起，食粥一大碗，空腹胃虚，谷气便作，所补不细。又极柔腻，与肠腑相得，最为饮食之良。”苏东坡亦有书帖说：“夜饥甚，吴子野劝食白粥，云能推陈致新，利膈益胃。粥既快美，粥后一觉，妙不可言。”可见一碗好粥不仅香甜可口、充饥饱腹，同时还具有重要的养生保健作用。

早在3000多年前，古人就提出了饮食调养的原则，即“五谷为养，五果为助，五畜为益，五蔬为充，气味合而服之，以补精益气”。在粥中加入适量中药材又叫作“药粥”。药粥是祖国医学宝库中的一部分，它是以药治病、以粥扶正的一种食养食疗的好方法。

她把珠绣传播到日本

江薇，一个在日本谋生的中国女孩，做过服装设计师。如今她远渡重洋把“中国制造”带到了异国他乡，并让这种传统之美大放异彩。

江薇是西北一家皮具厂的设计师。1995年，她为照顾在东京大学攻读博士学位的丈夫去了日本。因当地物价高得惊人，到日本的头一年里，江薇为了补贴家里的开销，一边在一所语言学校学习日语，一边在一个拉面馆做服务生，每月赚取5万日元的工资。她普通话讲得比较标准，精通英语，在朋友的帮助下，后来又找到了一份短期中文家教工作。

江薇要教的是一个叫由加利的日本居家妇女。她的丈夫是美国人，在日本的一家大型企业做亚洲地区首席执行官。之所以要让他的日本妻子学习中文，是因为他刚刚接到了总部的调令，夫妻俩将于3个月后到中国赴任。由加利的英文很好，在找江薇之前也曾在日本中文学校学习过一段时间，但是学习效果并不理想。她更希望有一个可以和她沟通的老师来教她标准的普通话。这时候江薇流利的英语就派上了大用场。

因为马上就要到中国生活了，由加利很紧张，所以不断增加学习时间。到最后一个月时，甚至要求江薇全天加班给她“灌”中文。这使得江薇当月的收入达到了14万日元。

学习即将结束的时候，由加利觉得江薇人不错，教学水平也不错，又主动给她介绍了一些与自己情况类似的阔太太让她去做家教。为了感谢由加利的关照，江薇把自己从中国带来的珠绣编的小包作为礼物送给了她。在由加利丈夫的同事为他们夫妇举办的告别晚会上，她专门用这个中国味的小包搭配自己的晚装，使得在场的太太们都很羡慕，不停地向由加利打听是从哪里购买的。

当由加利带点炫耀和感激将这件事告诉江薇时，江薇愣住了。这种中国特有的珠绣编小包在国内根本不值什么钱，谁会想到在日本却因为独特的味道而引人关注。回家后江薇对丈夫陈建国说起此事，当时陈建国正在等待几个他去应聘的日本公司的通知，两人每天晚上讨论的话题就是如果陈建国没能顺利找到工作，两人到底怎么安排未来的生活，所以两人都觉得这可能是一个不错的创业机会。他们讨论了半宿，最后陈建国出了一个主意，让江薇再去给那些日本妇女当家教时，索性挑选两三款珠绣编小包与自己的服装精心搭配，然后看看这些日本女人的反应。

不过，这个计划还没来得及实施，第二天一早陈建国就接到了日本一家大型公司的通知，他被录用了，而且头两年月收入是35万日元，公司负责帮他办理工作签证。两年后如果他通过了考核，公司可以给他申请长久居留证。得到这一消息后，夫妻俩兴奋极了。要知道在日本一个名牌大学的毕业生刚开始工作时，月收入也就是20多万日元。35万日元的月薪在他们看来就像一下迈入了天堂一样。在江薇眼中，这还意味着他们终于可以换一个条件好一点的公寓，并且终于可以不用像睡地板一样每天晚上委屈在榻榻米上，而是可以舒舒服服躺到床上。这时候所有创业的想法都没人在意了。

直到两个月后，陈建国已经开始融入公司的环境，他们租到了一个比较舒适的公寓，江薇也顺利通过了日语二级考试。一次，陈建国的日本上司邀请他们夫妇到家中做客。在日本有这样一种礼节，去别人家拜访时，一定要带上小礼物，作为对主人家邀请的感谢。江薇很自然就想到了珠绣编小包。这次做客后，陈建国总能接到同事的邀请，起初两人还感到特别奇怪，后来江薇在与这些日本同事的太太相互通电话时才找到原因：大家都对江薇带去的礼物特别感兴趣，有人还郑重其事地拜托，希望江薇帮助她们再购买一些。

这些事又撩动了江薇的心思，她已经看出这是一个不错的商机。稳重的江薇决定试探性地开展一些业务。她托一位在福建的朋友在福州批发了100多个不同图案的小包邮寄到日本。买这100多个包用了1000多元人民币，加上邮费和其他费用，寄到日本一共不到3万日元。拿到这些珠绣编小包，怎么定价让江薇很踟蹰。陈建国说，在日本随便吃顿快餐最少也要五六百日元，更何况这些包在日本人看来是一种民族的工艺品，不可以定价太低。于是江薇根据不同包的做工和大小壮着胆子将价格定在了3000—8000日元。越大的包定价越便宜，越小的包定价越高。因为两者工艺不同，使用场合也不一样。大包是平日外出时使用的，而小手包通常是在参加晚会或需要着装比较华丽时才会使用。定好价格后，江薇给当初那些希望她代为购包的日本太太一一打电话，让她们到家中挑选。

虽然这批包是珠绣编的，但是因为家人在挑选时没在意款式，所以大多数都样式普通。尽管这样，很多人还是跟捡到宝一样，一下子购买好几个。不到几天时间，除了几个样式、工艺实在太普通的包，其他全部被挑走了。最后，就连剩下的几个包也被一个叫清纪子的妇女以每个1000日元的价格全部买走了。货卖完后江薇一算账，这批不到3万日元成本的包竟然让她足足赚到了50万日元的纯利，相当于博士毕业的丈夫一个半月的工资。

如此巨大的利润空间让江薇心动了，但刚开始小试牛刀就走了不少弯路，吃了不少苦头。从福建买来的包剩下一大批没有卖出去，这让江薇大为头疼。还是丈夫的话不经意间提点了她："铺货也要看哪里更适合销售，以及什么样的市场适合销售什么款式，不能这么硬闯，而且如果有心要做这件事，不如自己开一家店经营。"

考虑到自己本身也是学设计的，自己的设计加上新颖的样式，效果一定不错。

于是江薇回到福建，经人指点，在武夷山下的一个村落中找到了一个世代制作珠绣的老人，并跟着老人开始学做珠绣。5个月后，江薇带着自己亲手制作的一款精美的小包回到日本，重新开始。结果，开业第一天，那个由她亲手制作的小包就以1.9万日元的高价被人买走了。由她设计、村民们帮助制作的那些包也卖得很好，300多个积压包时不时也能“走”上一两个，存货越来越少。江薇的生意终于红火起来。

此后，江薇把福建制作珠绣的村落作为她在国内的供应基地，自己则全身心投入到设计中去。同时为了提高商品的档次，江薇精心地研究各种制作珠绣的原料。她发现，泰国和马来西亚生产的珠子光泽更柔和漂亮，于是选购了一些，一一搭配出漂亮的图案。她一方面让福建的村民为她加工自己设计的大包，这些商品一到日本就直接发往她在日本各地发展的代销点；另一方面，她高薪聘请了国内几位多年制作珠绣编包的老人，按照她提供的样式和原料进行制作，然后摆放在自己店铺中。时间一长，江薇的小店吸引了不少回头客。

一天，一个气质优雅的日本中年妇女来到江薇的店中，她拿出一条黑色丝制的披肩，希望江薇可以运用她的设计和绣工将珠绣绣在披肩上。江薇心想：对呀，我怎么就没有想到呢？珠绣不仅仅可以运用到包上，还可以运用到很多装饰品上呀。于是她又慢慢把珠绣扩展到家居产品上，如杯垫、盘垫等。江薇的生意随着产品种类的增多越来越红火。

为了协助江薇日益壮大的生意，丈夫陈建国也在2002年时辞掉了在日本大公司的工作，长居日本负责打理店铺。这个店让夫妻俩都非常自豪，不仅仅是因为从中获得了巨大的财富，最主要的是让他们感受到了在异国多年来从未有过的愉悦。

心灵物语

创新来源于灵感。江薇把中国的传统文化带到日本，并将它发扬光大。“民族的就是世界的”，中国女孩并没有局限于已有的市场、范畴，而是将它做大、做强，让中国的传统工艺深入文化生活的各个方面，可谓独具匠心。

史海钩沉

日本的政治制度

日本为君主立宪国，宪法订明“主权在民”，而天皇则为“日本国及人民团结的象征”。如同世界上多数君主立宪制度，天皇在日本只有元首名义，并无政治实权。

从1955年起，自由民主党（自民党）一直长期执政，只是曾在1993年至1996年间短暂被对手替代执政，1996年后就一直执政到民主党上台。其余政党包括日本民主党、日本社会民主党、日本共产党等。

文苑荟萃

珠绣工艺

珠绣是我国民间的一种传统工艺，是用一粒粒五彩缤纷的小珠子串缀成各种各样的艺术制品。做工为纯手工，需要独特高超的制作技术。珠绣产品形象生动，色彩艳丽，富有立体感。一件精美的珠绣制品，需要手工娴熟的工人们10多天的时间才可以绣成。产品有领带、各种挂包、服装鞋帽上的饰物等小件工艺品。还有相框、画框、条屏、条幅、挂图等作为家庭装饰及其他各类艺术品，是我国珍贵的文化艺术遗产。

刘新经营“小土豆”

刘新，1999年进京创业。公司现拥有130余家加盟店，2002年在全国餐饮百强企业中名列第四位。2003年北京地区营业额达1.46亿元，上缴利税1500万元，安置下岗职工2000余人。

谁也没有想到，一盘地方风味小菜“小土豆”，竟然成为吸引消费者的招牌菜，创出了名气，这一点连刘新本人最初也没有预料到。其“走”遍大半个中国的“小土豆餐饮连锁店”，最初只是从一盘小土豆做起的。

刘新是一位下岗职工，为了生计，天天奔波着卖菜、卖鱼、卖服装……

1989年，刘新在沈阳最繁华的商业街——太原街开了家冷面馆。这是他初涉餐饮业的第一步，然而一年时间因经营不善亏损倒闭。刘新不甘心就此罢手，他一家家饭店去讨教学艺，在挫折、教训以及学习中悟出了一个道理：凡是有经营特点的饭店，生意都好做；而一般生意不好的饭店，大部分都没有特点，没有自己的主打产品。自己失败的原因就在于没有自己的特色。于是，他重返沈阳太原街重操旧业。

当时，刘新开的仍然是冷面馆。为了保证质量，他亲自到菜市场采购新鲜蔬菜，亲自操勺上灶担当大厨。为了吸引顾客，冷面馆的食品除了物美价廉之外，每餐还赠送给客人一盘自己家精心制作的开胃小菜——酱小土豆。没想到，这盘特色小菜小土豆却成为吸引顾客的招牌菜，许多顾客都奔小土豆而来，人们亲热地称刘新的餐饮店为“小土豆”。

很快刘新就把“林苑”冷面店改名为“小土豆”酱菜馆。

小土豆是东北地区的一种特产，土豆的清香和营养价值比大土豆高得多。由于这个品种产量大，有很多人种植，细心的刘新慧眼识珠，立即瞄准了它。刘新四处走访考察，收集民间烹调小土豆技术，利用多种药材自行研究配制出了炖小土豆汁，并加进酱油、五花肉、香菜等进行炖制。“小土豆”这道菜既有东北大碗菜的特色，口感又绝对鲜美于东北大碗菜。一大碗“小土豆”10元钱，再加上两个大花卷，足够两个人美餐一顿。这道菜刚问世就一炮打响，受到人们的热烈欢迎，常常出现客人站在店外等桌就餐的情景。

后来，刘新以小土豆酱菜为龙头，选用人们日常生活中经常食用的蔬菜为主料，突出色美味浓、盐香适口的特点，利用酱、炖、拌、炒等烹调方法，生产出了五大类150个品种小土豆酱菜系列。“小土豆”迷住了所有顾客，出现了这样一句口头禅：“好吃吃不够，沈阳小土豆。”一时间，小土豆美食风靡沈阳，生意火爆。不到两年时间，刘新赚下了逾百万资产。

随后，为了做大“小土豆”，刘新专门投资百万元，开辟了小土豆无公害生产基地，并决定自己投资种植小土豆。他这一想法招来了包括妻子在内的所有人的反对。他们认为他那样做太冒险了，万一种植失败，就会将辛辛苦苦挣下的家底全部赔进去。但刘新铁了心，他带上100万，来到铁岭等地投资种植小土豆。第一次种植失败了，赔进去了将近50万。但刘新没有就此罢休，他暂时放弃种植，与有关科研部门密切合作，研究小土豆的科学种植方法，投资100多万元扶持小土豆的种植与发展。随后近半年的时间里，刘新天天待在地里，观察小土豆的生长情况。苍天不负有心人，这一次成功了。

1997年7月，沈阳市小土豆餐饮有限公司正式成立。为了使“小土豆”这一品牌经久不衰，刘新从选料、配料、加工等方面严把质量关，还常常亲自下去考察。正是靠着这样一种诚信，“小土豆”逐渐名气大震，不仅在沈阳的生意日渐红火，日进斗金，省外的人士也纷纷云集沈阳，学习“小土豆”的制作技术。紧接着，刘新在北京建立了分公司，扩展小土豆餐饮连锁业务。一开就开了十几家，在北京餐饮业可谓抖足了威风。

随着市场竞争日益激烈，刘新决定向连锁店式的现代化经营模式发展，让小土豆的风味飘向全国。刘新把在全国开连锁店的想法一提出来，就招来了一片反对声，跟随刘新多年的师傅劝刘新：“小土豆系列是东北菜，南方人可是吃不惯。再说现在各地饭店多如牛毛，我们还是好好在东北打市场，不要出去冒险了。”刘新的妻子也劝他：“我们已经辛辛苦苦干了这么多年，该好好享受一下生活，不要再出去闯荡了，万一赔了可怎么办？”可刘新下定决心去关内开拓处女地，把小土豆引出去。刘新带了100万，领着几个“精兵强将”首先来到了山东。

刘新在济南市繁华地段买下一家饭店，经过一个多月的装修、装备，“小土豆”终于在山东亮相了。虽然在此之前刘新已在当地做了大量宣传，但当地居民根本不认“小土豆”。开业那天，饭店门前冷冷清清，一天下来，营业额还不到200元。刘新没有气馁，为了在泉城打开市场，他断然打出了“沈阳小土豆落户山东，请泉城人民免费试吃三天”的牌子。免费品尝的牌子一挂出来，就引来了众多人前来“品尝”，这一尝就尝出了名堂。三天之后，很多山东人专门掏钱来店里吃小土豆。“沈阳小土豆”好吃的消息很快便在济南传开了，一些好奇的山东人纷纷专程来品尝沈阳的“小土豆”。一时间，“小土豆”又火爆泉城。在山东开分店取得成功后，短短的两年间，刘新运用他那精明的头脑和旺盛的工作热情，在省外又连续开了几家分店，而且个个红火，一时间找刘新请求合作的投资商众多。

目前，“小土豆”已经在全国除了广东以外，大部分地区均有连锁店，目前已有连锁店140家。

心灵物语

“新型的餐饮，需要新的机制、新的人才和新的品牌。”正是把握住了这一点，刘新才在小土豆上做足文化，让小产品创造出了大价值。

史海钩沉

土豆的历史

土豆，又叫马铃薯。原产于安第斯山区和智利沿海山地，当地印第安人将其作为主要食物。1536年由西班牙水手引种到欧洲。1565年马铃薯才被引到英国爱尔兰。16世纪初在欧洲就普及开来，曾经作过欧洲人的主要口粮。1785年被药剂师法尔孟契引入法国。日本的土豆是荷兰人于1598年带至长崎港。16世纪中期或更晚，从西北或华南传入中国。它很长阶段都作为奇花异草观赏，甚至因为法国王后将其花朵戴在头上做装饰而使得当时的法国将其作为时髦高贵的象征。

文苑荟萃

雕塑——第一个吃土豆的人

在瑞典的哥德堡市中心的一个小广场上，矗立着一座青铜塑像。这是哥德堡的一处名胜，俗称吃土豆者的塑像。就像美国人被称为山姆大叔一样，这是一个典型的斯文逊（瑞典人）。他神情淡然，骨骼粗大，腼腆，下巴上有一道深深的沟壑。虽然一身贵族装扮，但是像土豆一样沉静、内向、沉稳。他就是约拿斯·阿尔斯特鲁玛，著名的吃土豆者。

李俊的“论坛”生意

李俊，中国企业家论坛创立人，1988年毕业于中国社会科学院新闻系。1994年，他创办《中国证券期货》杂志；1998年，他在香港创立亚洲资本论坛，出任论坛董事局主席和亚洲资本论坛出版社社长，是中国第一个在工商部门登记注册的“论坛”性质的企业，从而与那些没有法人资格的各类论坛区别开来，李俊因此而被誉为“中国论坛第一人”。他旗下的中国企业家论坛（又称亚布力论坛）和亚洲资本论坛都是赫赫有名的著名论坛组织。

“来，开会了！”

相信这句话会让很多国人头疼，然而有这样一帮人却对会议、论坛乐此不疲。这些人喜欢山间小镇、海边渔村，中意冰天雪地、荒郊野岛。

这些人目光独到，能够找到最吸引人的新经济龙头。

这些人剑走偏锋，总是能抛出千万人关心的话题。

他们紧盯的是人气，靠人脉赚钱；他们以圈人为乐，凭话题聚财。

他们就是一群买卖论坛的人。

随着近年中国社会的飞速发展，国际地位的不断提高，在经济领域具有特殊作用的论坛组织也如雨后春笋般不断冒出来。而其中最为出色的莫过于被业界誉为“中国论坛第一人”的李俊。说起缘何投身于论坛组织的事业，李俊把它归结为对论坛的热爱，而这种热爱则来自于他在传媒运作过程中的实践。

1993年，李俊担任国内贸易部办公厅新闻处处长。为了给国内提供一家专业的期货媒体，他创办了《中国期货》(《中国证券期货》的前身)。就在这本杂志的运作过程中，李俊发现期货市场的国际性体现得十分明显，而《中国期货》杂志这个平台的交流层面只限于国内，只通过杂志这个平台与全行业进行交流有一定的局限性。于是，一个国内期货业与国际同行的交流平台应运而生，当时还没有“论坛”这个说法，名称是很流行的“研讨会”。

1994年，李俊在庐山举办了首届“国际期货研讨会”，美国、德国、日本等国的期货界人士踊跃与会。1997年，中国证券市场也进入了非常火爆的时期，“国际期货研讨会”在会议内容中加入了对证券市场的关注。随着该论坛所涉及内容的增多，这一论坛在国际期货业的号召力和影响力，从某些程度上已经超越了论坛的主办方《中国证券期货》杂志，更为国内外的期货、证券业人士所熟知和认同，1997年时共有40多个国家的期货业人士参加研讨。

论坛已成气候，为了更好地利用论坛这一品牌效应，李俊决定借鉴美国《财富》杂志创办“财富论坛”的模式，将该论坛从杂志中分离出来。1998年9月12日，“亚洲资本论坛”在香港注册成立，这是一个俱乐部式的国际性组织。可以说，这个大胆举动开启了李俊论坛事业成功的大门。

为维护该论坛在资本领域的前瞻性、高水准性，李俊请来了刘鸿儒、萧灼基、厉以宁等一大批国内的经济学家、学界权威在论坛任职，并由专家学者详细论证提出每年年会的议题。这一做法得到了业内的高度赞许，无形中也为论坛增添了分量。

除此之外，李俊还大胆复制达沃斯的成功模式，并最终取得了成功。中国企业家论坛主旨是“构建企业家交流智慧、分享远见的平台”，主张的是一种高端层次的交流，对会员的资格有较严的要求，入会的企业家要从本人知名度、财富、思想性等几方面综合考评后，才会被授予会员资格。

达沃斯世界经济论坛是全球知名的著名论坛，每当论坛开幕之时，许多世界知名的大企业家，不顾天寒地冻，花去上万美元，年复一年地跑到达沃斯这个不起眼的小城市，为的是去说几句话或者听几场讲演，会见老朋友，结识新朋友，使每年一度的论坛变成了“世界团拜会”。这种能够以如此低的成本、如此高的效率、如此快的速度，让参加者会见来自几十个国家的新朋老友的模式，得到了企业家的高度认可。

中国企业家论坛是按照世界著名的达沃斯经济论坛的模式组织的，为满足达沃斯创造的“在休闲中开会，在开会中休闲”的人性化需求，像达沃斯一样，中国企业家论坛选择了黑龙江的冰雪小镇亚布力为永久性会址。然而在第一届年会筹备期间，几乎所有的受邀人都很不解为什么要选择这样一个看上去很“劳民伤财”的地方，以至于李俊最后不得不掏腰包替那些富人们负担来回机票，才保证了第一届有足够的嘉宾参加。

经过五年的发展，亚布力论坛已经被很多企业家接受，每年到亚布力开会纳入了很多人的日程，有企业家称誉它为“企业家自己的论坛，企业家的草根论坛”。得到了企业家的认可，论坛的经济状况也逐年变好，一举改变了前几届“赔本赚吆喝”的尴尬局面。

同时运作两个每年都有很多活动的论坛，李俊似乎还是觉得不够，他说过：“来日，我还是会做论坛。”

心灵物语

在中国经济发展初期，指望办研讨会挣钱无疑是一种奢望，也不可能引起人们的创业欲望。然而，随着经济全球化和市场经济的深度发展，起着重要作用的论坛组织却蕴涵着巨大的财富。一些著名论坛组织的赞助费动辄以十万、百万美元计，体现了这个行业的无限前景。此外，论坛组织也可以作为良好的经济平台，衍生出更多的经营可能。

正是注意到了这一点，李俊积极投身论坛事业，开创出了另一片天地，将小小的论坛转化为巨大的财富。

史海钩沉

亚布力论坛的历史概况

每年正月十五，亚布力，这个天寒地冻的东北小城，都会如期候到它的特殊客人——大批亚布力论坛的企业家。它到底蕴藏了什么魔力？

要说这个论坛的特色，从名称上就看得很清楚。全国性的、各行各业的、企业家自己的论坛。没有炫耀的宣传，没有夸张的头衔，企业家自己主持、自己讨论。人人都可以登坛演说，都可以举手表态，都可以反问别人。没有拘束，不分尊卑，彼此完全平等。

这是一个从一开始就准备要持续办下去的论坛。第一届提出了一个永久性场所的概念，第二届搭起了一个稳定务实的结构班子，第三届彰显了其年轻的生命力。论坛主要发起人之一田源挑起了论坛主席的重任。论坛的主要操作手明确为论坛秘书长，由论坛的另一位发起人李俊担任。此外论坛还设立了首席经济学家、论坛坛主等职位，均由在国内具有影响力的著名经济学家担任。

文苑荟萃

美丽小城亚布力

亚布力位于哈尔滨东边，是跳台滑雪、北欧两项、高山滑雪、越野滑雪和自由式滑雪等运动的比赛场地之一。

亚布力原名亚布洛尼，是俄语苹果园之意。1897年，中东铁路修建时，在此筑路的华工住在北面临时搭建的大棚里，所以那时此地还被称为北大棚。在此筑路的沙俄工头经常发现成片成片的苹果树，秋天结出累累的果实，于是将此地用俄语命名为“亚布洛尼”，音译“亚布力”，这个名字一直沿用至今。抗日战争时期，东北抗日联军曾在这里留下了许多故事和传说。

张扬的“尾房超市”

张扬，女，2003年大学毕业后在北京一家房地产营销公司做推销员，之后专门从事滞销房的销售工作，并成功注册了一家“尾房超市”公司。

在前几年的房产热潮中，许多开发商一哄而上，在远离城市中心的地段建造了许多质量低劣、配套不完善的房屋。起初，由于市场需求旺盛，房价尚可接受，消费者趋之若鹜，纷纷购买，房产商赚了一大笔钱。从2005年开始，市场开始对疯涨的房价说“不”，买房人终于冷静下来，开始审视房产的真正价值以及自己的购房行为。随着市场的冷淡，许多已经空置了几年的房屋渐渐变成了开发商“心口的隐痛”，有些资金紧张的房产商开始悄悄降价销售。

出现这种情况除政府和房产商负一部分责任外，房产结构的失衡也是一个很重要的原因。北京、上海和一些省会城市的房价呈现继续高涨的趋势。这直接带来一种市场现象，即有价无市，也就是说一些定价明显偏离价值的房子陷入销售困难的局面。长此以往，滞销房就变成了房产开发商眼中的一块“烫手山芋”。但危机往往是伴随着转机而来。在北京就有这样一个女孩，创造性地专卖“滞销房”。她就是张扬。

2003年夏天，张扬大学毕业，应聘到北京一家房地产营销公司做推销员，也就是人们常说的“售楼小姐”。进去后，张扬发现这个营销公司所代理的楼房要么是年代久远的“过时房”，要么是地处偏僻、布局不合理的房子，加上老板几乎不搞广告宣传，因而一月过去了，张扬连一套房子也未销售出去。本来羡慕“售楼小姐”收入丰厚的张扬不禁有些急了，这样下去，生存都成了问题。是继续从事这项工作，还是赶紧跳槽，早寻退路呢？张扬不得不选择其中一条道路。

张扬想到自己眼下这光景，要买套房子近乎等于上天摘星星，谈何容易！又想到在北京这座城市中，像自己一样的“打工族”不知道有多少。想到这儿，她灵机一动：如果将这个城市中一些各方面条件不太理想的积压房，以分期付款的方式卖给那些有点经济能力但又买不起新建商品房的大学毕业生，一定会成为市场的一个亮点。这类有“缺陷”的楼房价位不高，首付两三万元左右，月付1000多元，不到10年就拥有了产权。如今，自己公司的房子由于积压严重，老板已经动了降价处理的心思，这岂不是一个机会吗？

有了这个“想法”后，张扬决定当回老板。为稳妥起见，她首先找到那些手头有积压房的开发商，试图专门代理他们的那些位置偏僻、布局较差的房屋。张扬要求与他们签份按月付款的协议，并且在价格上必须合理。房地产开发老板面对主动上门的代理商自然求之不得，加之张扬要的房子全部都是卖不动的“滞销房”，也就纷纷同意。一个礼拜后，张扬先后拿下了8家房地产公司的代理权，房子的价格非常低廉。

有了房子，张扬开始寻找需要房子的顾客。当然，这些顾客一定是那些急需房子而手中钱又不多的年轻人群。利用自己在原来公司的一些客户资源，张扬和他们取得了联系，并说明了自己的房子可以商量价格，还可以按月付款。

作为房产代理商，在推介上是需要来点艺术。比如说这些积压房同样有挖掘的优势，有的虽处偏僻位置，但空气好；有的虽然周边一些服务设施滞后，但不受塞车之苦……总之，将每一处房屋的环境优势一一列出供顾客参考。出乎张扬的意料，客户听说这些后，很快表现出了兴趣，并要求与张扬详细面谈。

第一单生意在张扬自己单干的一个星期后就成交了，这所房子处于郊区，已经盖好5年，但一直没有售出。张扬以低于市场报价近3成的价格卖给了一位急着结婚的年轻人。事后一算，挣到2万多元！

第二单生意，张扬做得更是漂亮。有一套三室两厅100多平方米的房子，由于户型设计不合理，有些“三尖八角”，主卧室还有道横梁，这个缺陷非常明显，很多客户一看就走，根本不考虑购买。张扬用自己刚挣的2万元钱，找设计师巧妙利用空间，“隐去”横梁和三尖八角，然后把房子好好装修了一下。一个多月后，房子装修好了，原来结构失当的房子变得雅致、大气，高贵而不失华丽。正午的阳光照在阳台上，有一种深邃灿烂的明亮感。最后，张扬以50万元的价格把它卖给了一对外籍夫妇，一下就赚了17万。

就这样一晃半年过去了，张扬为多家开发商共销售出70多套积压房，简直成了一些开发商眼里的“能人”。当然，她自己也赚了一笔可观的“代理费”。这些钱，如果还在原来公司做售楼小姐，大概30年才能挣到！如今的张扬，已经自己注册了一家“尾房超市”公司，名正言顺做起了老板。

张扬相信：没有不好的产品，只有不好的推销员。任何在别人看来不好、不合格的产品，当找到了合适的销售对象时，它就成了人见人爱的好产品、俏东西；其次，好的产品需要好的包装，适当的包装可以修正产品的缺陷，提升产品的档次，赢得顾客的欢心。

心灵物语

中国人不提倡死守一条道跑到黑，中华民族是一个不断追求创新的民族。张扬卖房子的故事告诉我们：事物的标准总是在变化之中，而变化的市场更需要创新的眼光。有时，换一个角度考虑问题，就会发现一条新的解决之道，财富也就随之而来了。

史海钩沉

中国的古建筑

梁思成

中国悠久的历史创造了灿烂的古代文化，而古建筑便是其重要组成部分。中国古代涌现出许多建筑大师和建筑杰作，营造了许许多多传世的宫殿、陵墓、庙宇、园林、民宅……中国古代建筑不仅是我国现代建筑设计的借鉴，而且早已产生了世界性的影响，成为举世瞩目的文化遗产。欣赏中国古建筑，就好比翻开一部沉甸甸的史书。那洪荒远古的传说，秦皇汉武的丰功，大唐帝国的气概，明清宫禁的烟云，还有史书上找不到记载的千千万万劳动者的聪明才智，都一一被它形象地记录了下来。

中国古建筑从总体上说是以木结构为主，以砖、瓦、石为辅发展起来的。从建筑外观上看，每个建筑都由上、中、下三部分组成。上为屋顶，下为基座，中间为柱子、门窗和墙面。在柱子之上屋檐之下还有一种由木块纵横穿插，层层叠叠组合成的构件叫作斗拱。这是以中国为代表的东方建筑所特有的构件。它既可承托屋檐和屋内的梁与天花板，又俨然具有较强的装饰效果。斗拱这个词在谈论中国古建筑中不可不提，由于它在历代建筑中的做法极富变化，因而成为古建筑鉴定的最主要依据。

中国古建筑的屋顶样式可有多种，分别代表着一定的等级。等级最高的是庑殿顶，特点是前后左右共四个坡面，交出五个脊，又称五脊殿或庑殿。这种屋顶只有帝王宫殿或建寺庙等方能使用；等级次于庑殿顶的是歇山顶，系前后左右四个坡面，在左右坡面上各有一个垂直面，故而交出九个脊，又称九脊殿或汉殿、曹殿，这种屋顶多用在建筑性质较为重要、体量较大的建筑上；等级再次的屋顶主要有悬山顶（只有前后两个坡面且左右两端挑出山墙之外）、硬山顶（也是前后两个坡面但左右两端并不挑出山墙之外），还有攒尖顶（所有坡面交出的脊均攒于一点）等。所有屋顶皆具有优美舒缓的屋面曲线。无论它是源于古人对杉树枝形还是对其他自然界物质的模仿，这种艺术性的曲线先陡急后缓曲形成弧面。不仅受力比直坡面均匀，而且易于屋顶合理地排送雨雪。

从建筑类别上说，中国古建筑包括皇家宫殿、寺庙殿堂、宅居厅室、陵寝墓葬及园林建筑等。其中宫殿、寺庙、陵墓等都采用相近的建筑形式与总体布局方式，即对称齐整、主次分明。以一条中轴线将个个封闭的四合院落贯束起来，表现出封闭、严谨、含蓄的民族气质或可以说是地道的儒家风范。唯园林建筑与此迥异，布局自由灵活，变幻无穷，极力追求自然情调，当然更多地带有道家思想的痕迹。

■文苑荟萃

尾 房

尾房又称扫尾房。它是房地产业进入散户零售时代的产物，是空置房中的一种。一般情况下，当商品住宅的销售量达到80%以后，就进入房地产项目的清盘销售阶段，此时所销售的房产一般称为尾房。开发商经过正常销售后剩下少量没有竞争力的房子，这些房子或朝向不好、采光不足，或楼层不佳、位处两极，其中一层大多不带小花园且遮挡较严重。

尾房容易给人的直观感觉就是“被人挑到最后剩下的”、卖不出去的差房子，而实际上留到最后的不一定就是不好的。尾房具有现房、即买即住、风险小、兼备新房的设计质量优势和二手房的价格优势，还有一定的议价空间等优势。如果认为尾房就是差房子，那可能会错过一些极具投资价值的“宝屋”。

谭晶创立手绘服装

谭晶，1980年出生在山东济南。2000年从省内一家艺术学院毕业后，在广州一家广告公司工作。2001年辞职，之后不断开拓“手绘服饰”市场。

在这个个性张扬的年代，缺的永远不是时尚，而是发现它的眼睛。有时一个新鲜创意，就足以改变人生。济南女孩谭晶就是典型的例子。

一个偶然的机会，谭晶到广州一个女友家玩儿，正赶上女友留学回国的哥哥回乡探亲。男孩看到谭晶上身穿的那件白色T恤叹息道：“太可惜了，你既然是学美术的，怎么不在‘光板T恤’上弄个时尚、漂亮的手绘图案呢？那样才够个性、够完美！”

男孩介绍说：“现在日本和美国流行‘手绘服饰’，就是用一种从植物中提取的特殊纺织颜料在衣服上作画。由于颜料具有防水功能，衣服脏了机洗、手洗都不会洗掉图案，对人体也没有任何伤害。这种手绘服饰不再拘泥于固定的图案样式，顾客可以充分发挥想象，用画笔设计个性十足的图画。”

听完女友哥哥的话，谭晶灵机一动，手绘服饰肯定大有市场！当天谭晶回到住处，买来了近20种颜料，花了半夜时间，把自己的自画像“搬”上了白T恤。忽然间她感觉生活一下子找到了目标。

接下来，谭晶就在广州找了许多家商场、服装店，采购了上百件棉质好的“光板衣服”，购置了专用颜料和画笔，并制作了宣传资料……各项准备工作基本就绪，2001年10月，“彩绘服饰工作室”在广州开业。

工作室卖出去的每一件衣服都是唯一的，让每个在手绘服饰店买衣服的人都不会“撞衫”。这盘经营“个性”的生意很快给谭晶带来了丰厚的利润。她在商场批发一件“光板T恤”是三四十元，做成手绘服饰后，售价可达100—150元。工作室开业后，几乎每天都挤满了时尚男女。

手绘店开业半年后，附近喜欢手绘服饰的人越来越多，连一些在广州工作的中年老外都会跑来买几件新奇衣衫，或发挥自己的想象力，亲手设计一些另类的图案放在他们的衣服上。当然，来店里的大多数还是年轻人，而且以情侣居多。他们多半要求把情侣的头像画在自己的衣服上，希望每时每刻都看到自己的心上人。更重要的是，他们要让旁人知道，那衣服上的人是“我”的，“你们”就甭想了吧！这也算是一种有趣的“爱情广告”吧！

2002年世界杯大赛开赛前两个月，谭晶预料到球星手绘服饰肯定会火，于是当即去书店买回好几本历届世界杯画册，并招兵买马聘用了几位专、兼职画师，将所有的球星都搬上了“光板服装”。世界杯开赛后，店里每天都有足球迷赶来求购，当月就创造了8万多元的不菲收入！

除了画服装外，后来一些顾客还会要求在沙发靠垫、背包、球鞋上绘制自己的自画卡通头像。一幅自画像收费80—120元。春节、情人节期间，这样的订单尤其多。

2003年初，中央电视台的“同一首歌”将来羊城演出。谭晶抓住商机，把来演出的歌星的形象都搬到了白T恤上去！演出期间，那些年轻的歌迷非常兴奋，很多人根本不还价。仅仅7天，1300件手绘T恤全部售光。

一次，谭晶在一份时尚杂志上看到“今年欧洲时装界流行DIY”的信息，不由大喜过望。是啊，T恤为什么不能DIY呢？让顾客自己动手绘画他们喜欢的图案，多有趣啊！

很快，她就把这个想法变成了现实。打出精彩的广告后，在两个手绘工作室中增设了一些漂亮的不锈钢桌椅，墙上挂满了绘制好的T恤，上面的图案五花八门，无奇不有，以供顾客参考。桌子上放着几厚本图案样稿和色彩繁多的颜料……一切准备就绪，渐渐也迎来了想过把“T恤DIY”瘾的顾客。其中多数是20来岁的年轻人，少数为三四十岁的时尚男女，甚至还有年轻的父母带着两三岁的宝宝来绘“家庭T恤”的。每当自己的一件大作完成，他们的脸上都会溢满兴奋，很有成就感。

2003年，谭晶在销售了上万件T恤后，广州已“冒”出一些手绘服饰店，同行之间的竞争日益激烈起来。于是，她决定让几位美院毕业的学生帮她打理手绘工作室，自己则带着另外10多名员工加盟了一家港资服装公司。

由于谭晶对市场观察得很细致，并在设计图案上下足了功夫，第一批手绘牛仔服推向市场后，销售势头出人意料地“火”。后来她在手绘的基础上，又为服装加上绣花、缝珠片、烫钻等工艺，令手绘服装更富个性，既新潮又高档，价值倍增，并开始热销港台地区。

心灵物语

手绘服饰有着特定的纪念意义，干这一行就要会赶时髦、抓时机，思想还得超前。谭晶正是这样一个女孩，她不断把新鲜血液注入“手绘服饰”中，不断创新，不断开拓进取，才让手绘服饰在当今社会众多潮流中脱颖而出。

史海钩沉

绘画历史

绘画是一种在二维的平面上以手工方式临摹自然的艺术。在20世纪以前，绘画模仿得越真实，技术越高超。但进入20世纪，随着摄影技术的出现和发展，绘画开始转向表现画家主观自我的方向。

已知最古老的绘画位于法国肖维岩洞，部分历史学家认为它可以追溯至3.2万年前。那些画经由红赭石和黑色颜料作雕刻及绘画，主题有马、犀牛、狮子、水牛、猛犸象或是打猎归来的人类。

中国绘画的历史最早可追溯到原始社会新石器时代的彩陶纹饰和岩画。原始绘画技巧虽幼稚，但已掌握了初步的造型能力，对动物、植物等动静形态亦能抓住主要特征，用以表达先民的信仰、愿望以及对于生活的美化装饰。

文苑荟萃

手　绘

手绘，在中国应该算是近些年新起的一行，当然在台湾、香港等地“手绘服饰”已经是家喻户晓了，街头手绘服饰店也相当多。“手绘”名副其实，就是手工绘制。现在可以手绘的东西很多，如服装、靠垫、抱枕、帆布鞋等，甚至也可以在杯碗和灯罩、家具上手绘。不同的手绘颜料，可以绘制在不同的物品上。

现在普通手绘颜料大体上分为两种：一种是丙烯，一种是纺织颜料。丙烯可用来在棉质衣服上绘画，不褪色。

第四篇 企业创新开拓领域

于凌罡开创合作建房新模式

于凌罡（1973—），祖籍山东莱州。1994年开始读计算机软件专业自学考试课程，1997年通过专本全部课程，曾任职于多家IT公司。1998年10月到联想工作。

按照国际通行的定义，个人合作建房是一个为其社员提供持续住房的法律组织，它归其社员所有并受其控制，与其他住房联盟的区别在于其所有权结构及承诺坚持合作社原则。

个人合作建房并不是什么新鲜事物，在国外，这种模式已经有200多年的历史了。以德国为例，个人合作建房是住宅建设的主要组织形式。有关资料显示，合作社建造的住宅占德国新建住宅总数的30.9%。个人合作建房模式在火热的房产市场中悄然出现，它树起了“自力更生”的旗帜，力求摆脱房地产开发商的束缚。聚沙成塔，群策群力，自己买地，自己找人设计，盖一座完全属于自己的楼。不要把它当作是一个遥不可及的梦想，国外及外地的先行者已经为我们展现其可行性。

由于是非营利性合作建房，个人合作建房可省掉购买普通商品房时需要承担的大笔费用。首先是开发商的销售利润，其次是广告销售费用，再有就是机构维持费用。节约了以上这些费用，完全可以用市场房价的70%甚至是60%就能拥有一套住宅。

成本低固然是合作建房的优势，而最重要的是，出资的业主还可以监控建房的整个过程，这样就可以极大地避免购买商品房时可能遭遇到的陷阱。例如房屋面积与约定不符、虚假宣传、擅改规划设计等。作为自己房子的开发商，这些陷阱显然是完全可以避免的。此外，在自己的监督之下，物业公司必然会提供优质的服务，绝不会随意占用小区公用面积，建造营利性建筑。

于凌罡正是看准了个人合作建房的诸多优点，于2004年大胆推出首例个人合作建房计划。在他设计的一套关于合作建房的方案中，其目标是在北京的北四环或东四环的地段开发建房，需要购地6000平方米。购地费用预算在9000万元以内，工程造价7000万元左右，这已经包含了精装修的费用，每套住宅层高4.8米，增建跃层后可得使用面积60平方米。粗算下来，合作建房每平方米可以比市场价省1000~4000元，也就是少了14%～40%的支出。

但说起来容易，做起来难。正当于凌罡在北京艰难实施其个人合作建房计划时，重庆已经悄悄诞生中国首家专为集资合作建房者加工住房的房地产公司。重庆房地产界已有人正式注册成立了重庆联众置业发展有限公司，专门负责为集资者“生产加工”集资房。重庆“联众建房模式”是一种房地产公司为集资建房合伙人代理建设的全新建房模式，联众置业在整个合作建房过程中承担的是“加工厂”的角色，房地产公司与集资合伙人的关系是委托与被委托的关系。在整个合作过程中，联众置业只收取一定比例的加工费，而不赚取其他任何费用。

重庆“联众建房模式”的基本流程是：由负责“加工”个人集资建房的房地产开发公司事先确定区域、地块、周边条件、规划、户型、预（决）算等一系列准备工作，然后再根据该项目来招募个人集资合作建房的参与者（初步的计划是200人为一组），等项目的参与者招募完毕，集资者的资金完全到位以后，即严格按照项目的规划开工建设。

“联众建房模式”之所以比较可行，是因为其较于凌罡的模式更加现实。房产市场不比一般的市场，它需要很强的专业开发技术和专业管理能力，并不是每个建房人都能驾驭市场风险。而合作盖楼则意味着原来由银行和开发商承担的房地产市场风险将由建房人自己负责。作为

"开发商"，你必须拥有一群专业人士来逐步完成你的建房大计。例如土建工程师、工程技术人员、工程造价师、结构设计师、律师、会计师等房地产开发的专家。但这些专家可能只适合作为房产开发的顾问，这是因为他们各自都有工作，难以分出大量的精力来兼顾合作建房的项目。在实际的操作过程中，聘请专业的设计公司和房地产建设公司才是一个理想的对策，而且这也避免了合作者间不必要的矛盾。

不管是对于凌罡还是其他城市合作建房创始人，合作建房既是一次尝试，又是一次创新。不要忽视这一创新的途径。

心灵物语

条条大路通罗马，购房置业的途径绝不止一个。无论成功与否，于凌罡的大胆设想值得借鉴，对于当今这个创新型社会的需求也有重要意义。有时候创新不只是搞一些发明创造，更重要的是引入一些先进的理念和前卫的思想。总之，"处处是创新之地，时时是创新之时"。弘扬开拓创新的精神，不一定要求某个人做出一番惊天动地的大事，更重要的是一种思维的转变。

史海钩沉

个人合作建房发展大事记

2003年，北京的于凌罡在互联网上率先提出合作建房，得到网友的热烈响应。

2006年11月15日，温州市个人合作建房项目发起人赵智强在温州宣布，该项目委托的开发商以1.0458亿元的价格取得了温州市龙湾区蒲州街道"江前三产安置地块"的开发权。温州的成功"拿地"，意味着合作建房进入了实质性的操作阶段。

2007年9月9日，由温州个人合作建房发起人赵智强和郑州个人合作建房发起人代表王华在郑州成立"温州郑州个人合作建房协作联盟"，正式确立跨省域协作关系。

2007年10月，郑州中基房地产开发有限公司成立，中国第一家专业致力于个人合作建房的房地产开发公司成立。

文苑荟萃

合作建房

合作建房是指以一方提供土地使用权，另一方或多方提供资金合作开发房地产的房地产开发形式。

合作建房就是大家一起做开发商，共同出资，成立房地产公司。发起人提供项目方案（成本价住宅可行性研究），大家一起完善。认可项目方案的人一起合作，先验资。钱存到同一个银行每人自己的存折里，有目标地块可以购买时建立监管账户。每个人在自愿前提下，签署合同，参加合作。不认同项目，不愿签合同的，不要影响大家即可。如果没买到地，大家的钱由银行直接从共管账户全额归还。买到地以后，共同成立房地产开发公司。请专业金融机构管钱，专业机构建设，每月开会公示账目，大家共同审核。盖好以后，各自取得商品房产权，共有各种收益。

谭木匠入选“福布斯”

重庆谭木匠工艺品有限公司是一家具有传统文化特色的小木制品生产企业。创建于1993年。公司总部设在重庆，生产基地位于重庆市万州区，产品拥有14项国家专利。

2005年，重庆谭木匠工艺品有限公司被评为福布斯中国100家具有持续创新潜力的中小型企业。在此次评奖中，谭木匠公司被排在第66位，是重庆唯一一家荣获该奖的企业。

与那些大企业相比，谭木匠的名气可能略逊一筹，到底是什么原因让这个默默无闻的小企业入了福布斯的法眼呢？原因很简单，就是一把把小小的木梳。谭木匠公司共设计出近2500个木梳品种，并享有12项技术专利，是中国最具可持续发展潜力的中小企业之一。就是这些荣誉和成果，让福布斯对它刮目相看。

丰富的品牌内涵和领先的产品设计，很容易使人觉得谭木匠好像是一家时间久远的老品牌。其实，这家企业问世不过十余年而已。

1993年夏天，子承父业的谭传华在老家重庆万州创办了自己的木梳厂。那时，他更多的是由于走投无路才在家乡开起了工厂，即使他自己也不会想到谭木匠会有现在的规模。1993年9月14日，一位推销员到三峡商城推销，几位服务员对木梳爱不释手，随即掏钱买了8把。这启示了谭传华，给他拓展全国市场带来了信心。

1998年以前，“谭木匠梳子”的销售主要依靠进商场铺柜台，产品陈列大路货，终端销量全无底。更重要的是，随着“谭木匠”名气的升温，其他木梳企业也开始苏醒，商场终端竞争激烈起来。这一年谭传华意识到，像木梳等手工产品的销售依靠商场通路不仅成长缓慢，而且一些地方甚至有了走下坡路的趋势。另一方面他又发现，自己不久前尝试开办的几个专卖店，营业额却在这时节不断飙升。

为了更快建立自己的全国销售网络，谭木匠采用了特许加盟的方式。一直以来，谭传华把总部和加盟商之间的利润空间都控制得很好，在“谭木匠”，所有的加盟商都是公司员工，统一叫“店长”。一年之内，凡是店长觉得不好卖的货都可以原价退货。

起初，加盟连锁的策略非常成功。然而就在2000年春天，“谭木匠”专卖店加盟速度骤降，各地加盟商抱怨声四起。抱怨的核心是效益：其一，由于产品单一，风格单一，顾客来到店里可供选择的产品并不多；其二，谭木匠梳子价格很高，但针对高品位、高消费群体的品牌附加值并没有做足；其三，梳子虽好，店堂装修却很一般，常常埋没于商街而吸引不了眼球。其结果是各地加盟店生意平平淡淡，利润勉勉强强，投资回报率不高，有的甚至亏损倒闭。

谭传华在听取各方意见，不断思考定位后，很快成立了专门的研发部门，投入大量的资金，想了无数种办法引进高级设计人才，大搞研究开发。他不惜重金邀请国外的设计师，设计“战略新品种”，让产品设计国际化，以外国人的眼光来看中国文化，通过外国人的手来设计中国人需要的产品，把国际流行时尚直接引入谭木匠的专卖体系中来。

2004年，谭传华又与欧洲的两大设计师事务所签约，专为公司设计产品款式。后来的事实证明，由于产品式样设计新颖，加之快速更新，不仅能不断地吸引新老顾客，也能有效扩大加盟商范围。改变后，“谭木匠”一家专卖店最多能陈列300多个产品品种。以前某一区域范围内只能开一家店，品种丰富了，许多地方多开一两家店，生意照样红火。

在积极拓展国内市场的同时，谭木匠公司将目光转向海外市场。目前，谭木匠正与韩国、日本及欧洲等商人洽谈开办谭木匠连锁店事宜。按该公司计划，未来要在日本、韩国等开设10家专卖店。

心灵物语

谭木匠公司作为一个小企业，用于宣传的费用很少，却能够获得较高的品牌知名度，很不容易。其成功之处在于综合应用了品牌接触理论中的各种关联要素，从而使“谭木匠”这个品牌获得了创新性的定位，并得到良好的传播。

史海钩沉

谭木匠“与时俱进”

“我善治木”是挂在谭木匠店面门口一幅醒目的字，它的创始人也是木匠出身，谭木匠的梳子自然大都是木制的。已经有千年历史的木梳制作是中国的传统工艺，但近些年来受到了塑料制品的很大冲击。谭木匠在传统工艺的基础上做了更符合现代人习惯的改进，椭圆和圆柱形的梳齿让梳发的过程柔顺而不伤发质，流线型的梳背线条迎合了时尚的审美情趣。精细的手工雕刻配上饶有民族特色的绘画。谭木匠的梳子不仅承担了日用品的作用，而且还是件工艺品。

文苑荟萃

谭木匠经营种类

梳类：水黄杨、梨木、紫檀木、白角、黑角等十几种材料的上百个品种。

镜类：雕刻、彩绘、手绘等多种样式、上百个图案。

盒类：名片盒、纸巾盒、首饰盒等几个系列的几十个品种。

扇类：绢扇、纸扇数十个花色。

健身类：健身扒、按摩器、健身锥、香面刮、淋浴器等十几个品种。

其他：发夹、图章、耳勺、桃木剑、刮痧板、烟斗、竹篦子、鞋拔等多个品种。

“长虹”视创新为企业生命

长虹，始创于1958年，公司前身国营长虹机器厂是我国“一五”期间的156项重点工程之一，是当时国内唯一的机载火控雷达生产基地。总部地处中国绵阳，与联想电脑、阿里巴巴网络、万科的房地产、海尔、TCL电器等都是行业的顶级品牌，也是中国最具价值品牌之一。历经多年的发展，长虹完成由单一的军品生产到军民结合的战略转变，成为集电视、空调、冰箱、IT、通信、网络、数码、芯片、能源、商用电子、电子产品、生活家电及新型平板显示器件等产业研发、生产、销售、服务为一体的多元化、综合型跨国企业集团，逐步成为全球具有竞争力和影响力的3C信息家电综合产品与服务提供商。

成立于20世纪50年代末期的中国长虹，以“创新、求实”的精神，经过几代人的共同奋斗，在90年代初期发展成了中国最大的彩电生产基地，被誉为“中国彩电大王”。2000年前后，中国彩电业进入了一个低谷，长虹也出现了危机：行业产能过剩，价格竞争愈演愈烈，产品生命周期越来越短，“一招鲜”不管用了；另一方面，市场进入平板电视时代，国内各大厂商都没掌握核心技术，无力与外国品牌竞争……

为让长虹从谷底爬出来，2004年，时任长虹董事长的赵勇回到长虹后不久，就召开了隆重的“2004年度技术创新大会”，表彰并奖励技术创新能手，同时也确立了技术创新在长虹整体发展战略中的核心地位。要想打翻身仗，必须明确提升“集成电路设计、嵌入式软件设计、工业设计、工程技术能力”四大核心技术能力。

2006年，长虹开始对国内外各大咨询公司发出信号，希望能够在咨询公司的帮助下建立一个适合长虹的创新体系，为长虹培育创新的土壤。经过一轮接触以后，长虹最终选择了IBM的产品创新管理（PIM）框架模型。

长虹选择IBM的PIM，很重要的原因在于PIM是IBM自身产品创新管理和转型成功的经验总结。PIM是一个复杂的系统工程，由IPD、市场规划（MP）、新兴商业机会（EBO）和研究/技术管理（RM）四部分组成，涵盖了企业创新的各个方面，不但关系到长虹的研发部门，还涉及各个业务部门。长虹和IBM项目组首先选择了多媒体和技术中心作为试点单位引入IPD，积累经验和数据，为后续的大范围推广和MP等流程的引入做好铺垫。

IPD强调对开发管道过程采用阶段控制，以团队为基础的开发以及采用共用的开发构件来缩短进入市场的时间并且提升利润。对大部分长虹员工来说，IPD是一个全新的东西。为了尽快提高试点相关人员的知识和技能，IBM和多媒体和技术中心组织了大量的培训和问答。

2006年9月，长虹完成了多媒体和技术中心的IPD流程/模板设计和团队组建，开始为时半年的流程磨合。通过项目试点，长虹团队积累了IPD项目运作及管理的实际经验，加深了IPD的理解，在组织、流程、工具等方面的能力得到逐步提升。

首先，长虹在试点范围内建立了跨组织团队运作机制，并明确各部门的职、权、利。其次，在试点单位建立了适合长虹的产品开发流程，每个项目都必须按照IPD流程进行阶段管理。同时引入评审点的概念，在概念决策、计划决策、可获得性决策和生命周期终止决策等项目的关键决策阶段设立评审点，由决策团队共同决策，不合理的项目在评审点就可能被淘汰。再次，按照IPD管理的思路，产品开发项目开始强调投资回报。长虹借助IPD引入了项目经理制度，设立项目经理认证委员会和项目经理管理中心。产品开发项目立项后，项目经理要和项目开发团队一起与公司领导签订项目开发协议，可以提出项目所需的资金、资源，同时也要为项目成果做出承诺。

长虹多媒体和技术中心的IPD试点相当成功。2007年4月，赵勇董事长在项目二期启动的时候形象地指出，长虹与IBM一起为长虹播下了IPD的种子，并长出了小苗苗。接下来的二期工程，长虹要为IPD施肥、浇水。也就是说，要做深做广IPD，并增加引进PIM的其他元素，即MP和EBO，让长虹的创新管理枝繁叶茂。

长虹在集团范围内大规模地对IPD进行辅导和推广。继多媒体和技术中心之后，长虹的创新中心、空调公司、虹微公司、网络公司等分别引入IPD。在此基础上，长虹还参照IBM的评估体系，建立了自己的IPD评估标准、评估问题和评估流程，旨在用量化的方法评估IPD推广的情况，以便持续改进和提高。

引进MP主要为解决产品研发与市场脱节的问题。按照MP的管理思想，市场规划要建立在“顾客和市场需求”的基础上，通过六个阶段的工作得以完成，即了解市场、实施市场细分、进行投资组合分析、开发商业战略和计划、与公司战略衔接并进行优化、管理商业规划并评估表现。长虹以多媒体公司为试点，建立了以市场为导向的市场规划流程、以客户为中心的产品规划团队，并学习和掌握了市场规划方法和工具。同时，长虹还建立了MP和IPD流程的接口，使得两个流程互为补充，从而提升IPD的实施效果。

相对IPD和MP来说，EBO是个比较独立的项目。长虹在引进PIM方法论的基础上，还在公司内部推进了两个计划：第一个计划是员工利润分享计划，长虹以IPD管理推进为契机，让团队分享他们创造的价值，使回报和工作取得的利润直接挂钩，从体制和机制上确保长虹始终具备不断创新的能力；第二个计划是员工内部创业计划，鼓励员工拿出商业计划，公司作为投资方，员工作为股东之一，实施公司的内部创业，这个计划使长虹员工中蕴藏的巨大创新潜力得以发挥。

事实证明，通过PIM的引进，长虹建立了完善的产品开发体系，规范了开发流程，从而缩短了新产品的上市时间，提升了开发产品的质量。通过IPD对开发项目进行阶段化管理使得所有开发项目都更加可控，避免了不必要的开支。同时，长虹可以通过持续的EBO循环发现更多的新业务机会，并对新的商机作出科学的判断。所有这些，都为长虹的健康、可持续发展提供了有力的保障。如今，长虹还在继续完善PIM框架模型，并在公司所有业务部门全面推行IPD，将创新进行到底。

可以说2006年是四川长虹的创新元年，公司主营业务收入创历史新高；2007年是公司三年创新战略的攻坚之年；2008年是长虹发展的丰收年，公司实现了增长方式由“量的增长”向“质的飞跃”转型。

心灵物语

创新的关键要素是技术，一个企业的技术创新能力是衡量企业核心竞争力的重要标志。

长虹公司通过不懈努力，强化技术创新工作，采用开放式管理体制，依据企业自身技术定位，按照技术战略、技术计划、技术实施三个层次逐步建立起较为完善的长虹技术创新体系，保障了技术研发能始终满足企业所面临的不断升级的市场竞争需求，使公司在主导产品的核心技术及其商品化进程中经历了由引进技术、联合开发到自主开发。

史海钩沉

“快乐创造C生活”

长虹推出“快乐创造C生活”的品牌主张，打造科技、时尚、快乐的国际化品牌形象。长虹致力于提供3C信息家电，为消费者创造聪明(Clever)、舒适(Comfort)、酷(Cool)的生活，矢志成为“C生活”的创领者。秉承“员工满意、顾客满意、股东满意”的企业宗旨，恪守“韧性、信心、开放”的创新观念，凭借品牌、技术、人才、市场、服务等强大实力，长虹努力成为全球值得尊敬与信赖的企业。

海尔打造世界级品牌

海尔集团是世界白色家电第一品牌、中国最具价值品牌。在全球30多个国家建立本土化的设计中心、制造基地和贸易公司，全球员工总数超过5万人，已发展成为大规模的跨国企业集团，2007年，海尔集团实现全球营业额1180亿元。此外，海尔公司曾推出与其公司标志海尔兄弟同名的动画片《海尔兄弟》，深受观众欢迎。

用户满意是企业生存的本源。所谓的市场经济，对海尔人来说就是用户经济。海尔从战略规划、战术实施，都是围绕用户满意展开的。

2006年4月8日，由《经济观察报》经济观察研究院主办、外经贸大学国际商学院联合主办的2005年度商业标杆评选活动获奖名单正式揭晓，“海尔星级服务中心”入选，成为2005年度商业标杆。

消费者对海尔品牌的情有独钟，除了高质量的产品，海尔个性化、人性化的服务可谓功不可没。多年来，海尔服务针对用户的需求，服务体系、流程、服务网络、服务模式不断创新，为用户营造了一个和谐的消费环境。海尔“星级服务中心”在其中发挥了巨大的作用，成为海尔服务环节中最佳的平台。

海尔集团首席执行官张瑞敏说：“品牌是根植用户心中的丰碑。”服务是获取用户资源，赢得用户心最关键、最重要的渠道。自从1995年海尔推出“星级服务”以来，在10多年的创新发展中，用户满意度逐渐提升，从被动服务到主动服务到感动服务，品牌内涵日益丰富。

“星级服务”的内涵包括四点，分别为高质量产品做基础，以用户为中心的文化理念，严格的体系认证，创新保证海尔服务每年推出新举措，提升竞争力。

海尔一直认为服务也是营销，只有通过持续性推出亲情化的、能够满足用户潜在需求的服务新举措，才能拉开与竞争对手的距离，实现与用户的零距离。用户的需求不断提升，服务也不能是一成不变的。只有通过持续性推出亲情化的、高增值的、能够满足用户潜在需求的服务新举措，才能拉开与竞争对手的距离，形成差异化的服务，提升海尔服务形象，最终令用户感动，实现与用户的零距离。从无搬动服务，“先设计后安装”“五个一服务”“海尔星级服务一条龙”“海尔空调无尘安装”“海尔全程管家365”到“海尔家电过生日”“星级服务进社区”，海尔每年都会推出新的服务创新举措。

自2004年8月份以来，海尔集团重点推进了服务网络结构的重组，发展建设星级服务中心网络，实行社区承包，每个社区都有一个固定的服务海尔所有家电产品的责任服务中心，为该社区的用户和海尔美誉度负责。目前，海尔已经在全国建立近千家海尔星级服务中心。自海尔星级服务中心落户社区后，已经先后给社区居民提供了“开设用户学校”“家电维护、保养”“上门设计、咨询导购、安装调试”“为用户提供成套家电解决方案”等海尔一条龙星级服务，消费者好评如潮，海尔星级服务中心被用户誉为“社区好邻居”。表面上星级服务进社区只是网点布局的调整，而本质上体现的是海尔与用户的零距离，目的是通过遍布各社区的星级服务中心，快速发现并满足用户需求。

海尔集团实施品牌战略、多元化战略和国际化战略。2005年12月26日，即创业21周年之际，海尔启动第四个发展战略阶段——全球化品牌战略阶段，海尔品牌在世界范围的美誉度大幅提升。1993年，海尔品牌成为首批中国驰名商标；2005年，海尔品牌价值高达702亿元。自2002年以来，海尔品牌价值连续四年蝉联中国最有价值品牌榜首。

海尔品牌旗下冰箱、空调、洗衣机、电视机、热水器、电脑、手机、家居集成等16个主导产品被评为中国名牌，其中海尔冰箱、洗衣机还被国家质检总局评为首批中国世界名牌。2005年8月30日，海尔被英国《金融时报》评为“中国十大世界级品牌”之首。海尔已跻身世界级品牌行列，其影响力正随着全球市场的扩张而快速上升。

此外，海尔将陆续在全国各省市建立服务中心，计划在全国范围内开到1000家，主要集中在社区。海尔计划将现有分散的服务网络向社区服务转移，实行“包干到户”，消费者在家门口就可以享受到优质服务。

心灵物语

“一个产品，如果青岛用户满意，它就是青岛名牌；如果中国用户满意了，它就是中国名牌；如果世界用户满意了，那么它就是世界名牌。”用户的满意和创名牌是具有一致性的，用户的满意是企业创新的过程，只有满足用户的需求才有开发的课程。

史海钩沉

“有生于无”与“以柔克刚”

有一次，张瑞敏首席执行官出访日本一家大公司，该公司董事长一向热衷中国至理名言。在这位董事长介绍该公司经营宗旨和企业文化时，阐述了“真善美”，并引述老子思想，张瑞敏也发表了自己的看法:《道德经》中有一句话与“真善美”语义一致,这就是“天下万物生于有,有生于无”。

张瑞敏以这句话诠释了海尔文化之重要性。他说，企业管理有两点始终是我铭记在心的:第一点是无形的东西往往比有形的东西更重要。当领导的到下面看重的是有形东西太多，而无形东西太少。一般总是问产量多少、利润多少，没有看到文化观念、氛围更重要。一个企业没有文化，就是没有灵魂。第二点是老子主张的为人做事要“以柔克刚”。张瑞敏说:“在过去人们把此话看成是消极的，实际上它主张的弱转强、小转大是个过程。要认识到：作为企业家，你永远是弱势；如果你真能认识到自己是弱势，你就会朝目标执着前进，也就会成功。”

文苑荟萃

海尔标志

海尔商标的演变是海尔从中国走向世界的见证。从“琴岛—利勃海尔”到“琴岛海尔”再到中文“海尔”（英文“Haier”）作为标志，新的标志更与国际接轨，设计上简洁、稳重、大气，广泛用于产品与企业形象宣传中。

“a”减少了一个弯，表示海尔人认准目标不回头；“r”减少了一个分支，表示海尔人向上、向前决心不动摇。海尔新标志的设计核心是速度。因为在信息化时代，组织的速度、个人的速度都要求更快。风格是简约、活力、向上。新标志整体结构简约，显示海尔组织结构更加扁平化；每个人更加充满活力，对全球市场有更快的反应速度。

康佳推出“大拇指服务”

康佳集团成立于1980年5月，坐落在风光秀丽的深圳湾畔。经过30多年的快速发展，康佳已成长为总资产100亿元、净资产30亿元、年销售收入130多亿元的大型电子信息产业集团和境内外上市的公众股份制公司。公司现有总股本6.02亿股，华侨城集团为第一大股东。

公司主导业务涉及多媒体消费电子、移动通信、白色家电、信息网络、汽车电子以及上游元器件等多个产业领域。是中国彩电行业和手机行业骨干龙头企业，曾连续四年位居中国电子百强第四位，是国家300家重点企业和广东省、深圳市重点扶持发展的外向型高科技企业集团。

如今的手机市场，正日益呈现出激烈竞争的局面，价格战、品牌战、渠道战和服务战在各大手机厂商之间频频开打。随着市场竞争向纵深和基础发展，众多手机品牌，包括一些国外厂商纷纷倒下，不是推出，就是合并。而康佳却在2005年1月20日在全国推出“大拇指服务工程”，全力打出服务牌，对服务人员实行首问责任制，使一对一的服务质量有可靠的保证。同时康佳手机还公布了2005年产品战略，以“影音娱乐，精彩生活”为产品发展主线，创造新的“精彩”。

在如此复杂凶险的局面下，康佳一手砍出价格屠刀，一手打出服务升级牌，在手机市场上游刃有余，稳步发展。其一软一硬两手措施，显示出娴熟的市场应对技巧。

据不完全统计，康佳通信2004年完成销售500万台，单月最好销量达到52万台，有望跻身国产阵营第二。2005年，康佳已经形成并完善了服务架构。以总部为综合服务管理中心，康佳在全国设立了35个分公司服务部，下辖300个特约用户服务中心及4000多个经销商服务点，这些密集的配置保证康佳用户可以享受到高质量与快捷的服务。同时，康佳还与全国核心经销商一起，扶持优秀销售终端，使其逐渐发展成为集演示、销售和售后服务于一体的业务单元，以强化销售终端的服务功能。

2005—2006年，3G牌照发放与3G网络建设启动。2004年，通过"影像战略"，康佳已经完成了对3G协议、架构的研究和技术跟踪，充分掌握了3G底层协议，为应用和服务的开发打下技术基础。2005年，康佳推出自主开发的3G手机样机，并重点开发基于3G的多媒体影音服务与应用。借此，康佳积极介入3G的应用和增值服务，实现从"终端生产商"到"个人化娱乐解决方案提供商"身份的转变。

康佳不惜力气，在全国推行全新的"大拇指服务工程"，促进了服务系统与服务队伍的专业化建设，CS服务系统同期开始筹建。其在全国范围内推广，有利于进一步方便消费者、提升服务水平。有专家指出，在当前激烈的市场竞争格局下，技术和产品是国产手机安身立命的基础，品质和服务是企业重建消费者信任的根本。中国手机业市场上，服务对于任何生产厂商来说，都是其品牌建设的一个重要环节。在产品同质化越来越明显的今天，服务能体现出一个品牌的特色。在这个方面，康佳有许多独到之处，可谓颇具心得。

在实际工作中，康佳给用户提供的是"五星"待遇：一星是"星罗棋布"的全国服务网点；二星是"流星飞马"的服务快车穿梭城乡；三星是"披星戴月"的服务不分昼夜节假；四星是"星级服务"规范有礼；五星则是"星卡追踪"跟踪服务。这是康佳服务的新特色。

另外，康佳独创的"大拇指服务工程"体系拥有全套高效的电脑自动化管理系统，完善的"三包"服务以及通过设立在各大城市的技术维修部、遍及全国的康佳"三多"等独具特色的服务。3000多个特约维修点、200多辆服务快车和一支数千人的上门维修队伍可以进行一年365天上门服务，使康佳用户无论身处何地，都能享受至精至诚、尽善尽美的“康佳大拇指服务”。

目前，康佳集团在国内拥有80个营销分公司、数百个销售经营部，以及300多个服务网点。在国际市场上，康佳通过设立分公司、设置商务代表处、海外建厂，以及建立客户联盟等多种方式，初步形成了能够满足全球化战略的市场运营体系。目前，公司的海外业务已拓展至南亚、东南亚、中东、澳洲、非洲、欧洲和美洲等80多个国家和地区。康佳正在以一个世界级电子企业的形象出现在国际市场上。

未来的康佳，以消费多媒体电子、移动通信、信息网络和汽车电子为核心业务，以构建技术领先型的跨国公司为奋斗目标，致力于打造一家业务多元化和市场多元化、具有全球影响力的电子信息产品制造企业，成为具有全球竞争力的强势电子品牌。

□心灵物语

当中国手机厂商艰难起步的时候，没有人看好其未来，认为这只不过是在众多国际品牌面前的一次自不量力的“短命”演出；而到了今天，中国手机厂商却仍旧活得很好。服务和产品一样需要不断创新，也只有不断创新，国内手机厂商才能继续生存下去。

□史海钩沉

康佳的激励形成

苹果文化是康佳独创性的激励形式。当某个业务单元在某一个时期创造了突出业绩，或者在某一单项上刷新了历史纪录时，为了庆祝这一胜利，公司全体员工每人分发3个苹果以示庆贺。

2006年1月1日，康佳中高层管理精英160余人集体凌晨攀登泰山，并在泰山之巅举行战略誓师会，对未来三年的战略目标许下庄严的承诺。

2006年7月1日至31日，在红军长征胜利70周年之际，公司组织党员干部600多人，开展了重走长征路活动，使广大员工通过艰难的行军切身体验和战争文化熏陶来体会企业所面临的恶劣竞争环境，从而进一步增强员工的危机意识和迎接挑战的信心。

2008年10月19至20日，康佳集团在内蒙古达拉特旗库布齐沙漠举行了“大漠砺戈进取高远——第四季度暨09元春旺季冲刺沙漠誓师”活动。

文苑荟萃

康佳的未来奋斗目标

面对知识经济、网络经济的浪潮，康佳豪情万丈，志在千里。未来十年，康佳将本着“创新生活每一天”的全新理念，以经营电视机和移动通信为核心，实施全球化发展战略，依托高科技，不断增强企业综合竞争力，努力拼搏，向着“高科技、国际化、现代化”的方向阔步迈进。康佳的目标——创造中国的世界名牌！